검푸른 비망록

문장 시인선 001

검푸른 비망록

강만수 시집

도서출판 문장

▶시인의 말

칼날을 벼려 저며 내고 있다
뼈다귀만 남을 때까지

늘 의심할 수밖에 없었던
언어의 살점.

2016. 8. 10 여산제에서

강 만 수

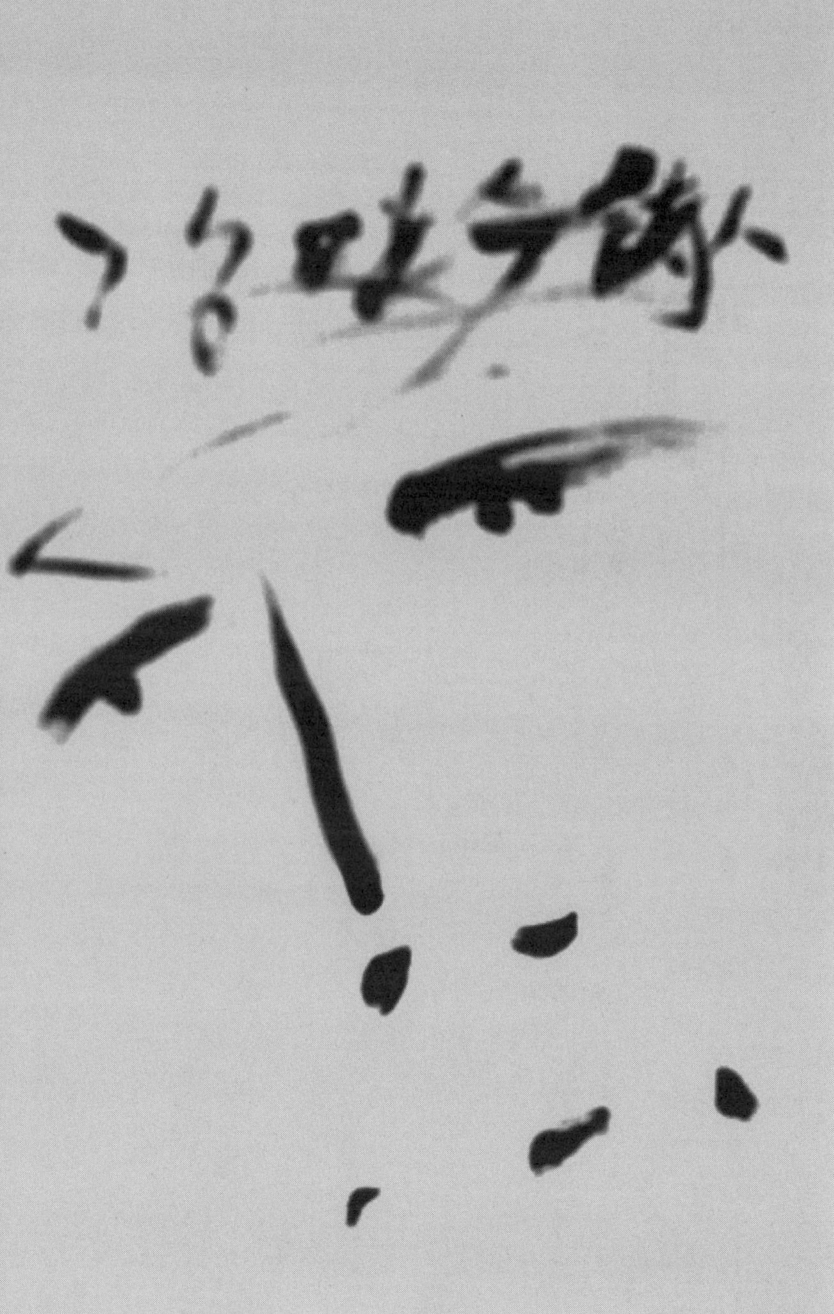

▶ 차례

3

4

5

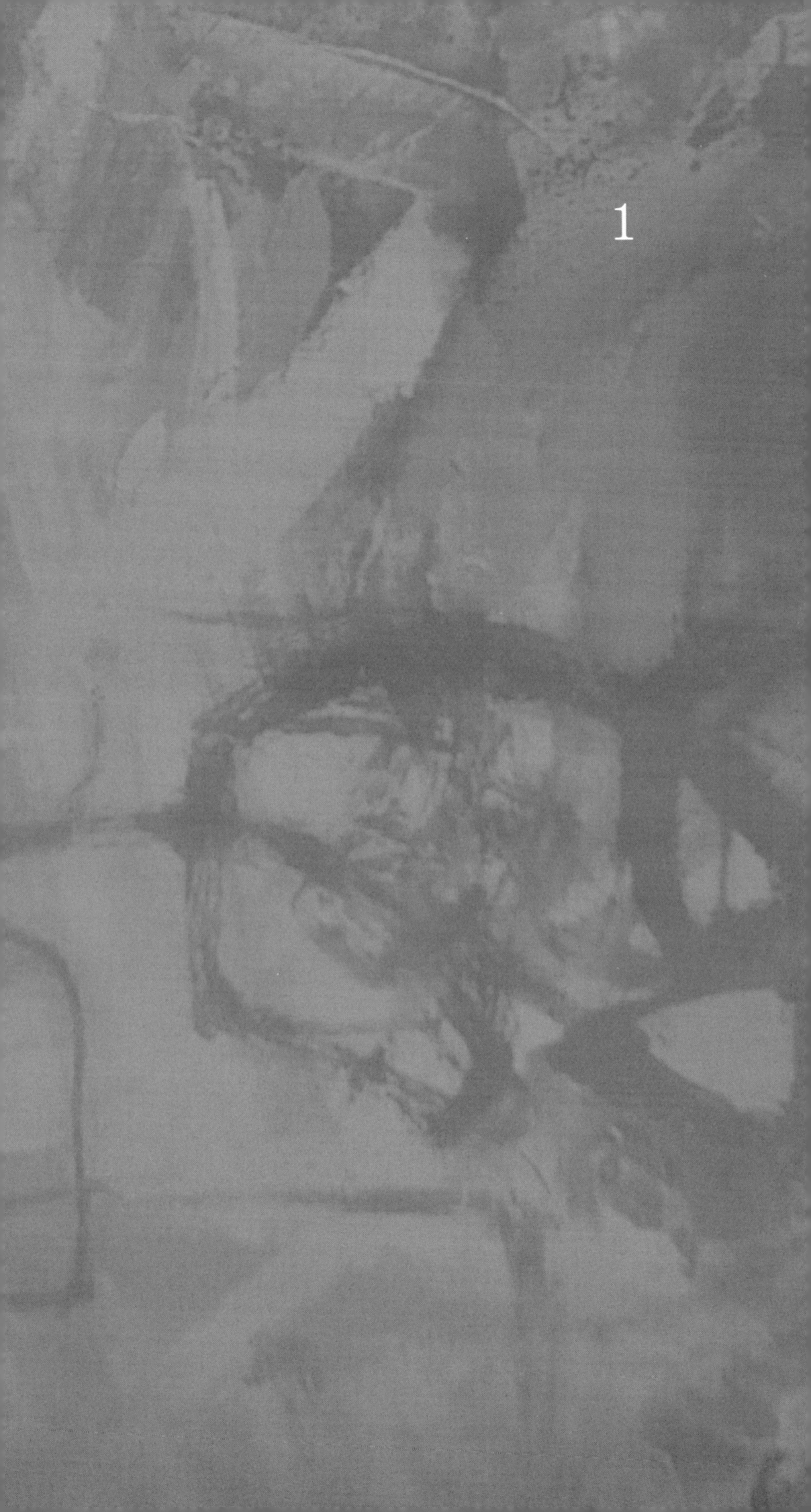
1

幻影

미술관 노란 벽면엔 청포도가 새겨져 있다
포도송이에 샛노란 눈동자

프랑스 식당 현관엔 코끼리가 매달려 있다
아프리카 코끼리 긴 코에 연초록 담쟁이

외국인 창고 황갈색 담벼락엔 화분이 걸려 있다
제라늄 화분에는 보라색 오피스텔

그 건물 파란 옥상엔 수레바퀴가 구르고 있다
아니 곡륜 위 백 청 황 적 녹색이

그러나 눈앞에서 어룽이던 그것들을 잡을 수 없다
손에 잡히지 않는다

외계인

붉은 눈알이 쏟아져 내리는 날
외계인이 내게 다가와 노란 색 우산을 던져주었다

그 우산을 받아들고 나는 거리를 걸었으며
그러다 내 앞에서 걷고 있는 사람들과 뒤섞였다

빌딩 숲 사이 수많은 인간들 눈과 귀에선
붉은 빛과 파란 빛이 뿜어져 나오고 있었다

하늘에서 선홍색 눈알이 떨어져 거리에 구르던

먼 외계에서 온 우주인을 만났던 날은 함박눈도 섞여 내렸다.
나는 덱데굴 구르는 눈을 밟고 종로 1가에서 5가를 향해

빨간 눈 파란 눈 노란 눈 초록 눈 그 눈알들을 밟고 걸었다
그러다 내 온몸이 파랗고 노랗고 초록에서 시뻘건 빛깔로 휘황한
무교동을 지나 광화문 근처에서 눈을 맞고 선 채

내 귀가 일곱 빛깔로 변했으면 좋겠다고 생각했다
어느 날 예기치 못한 순간 그들을 만났고

비행선에 올라 타 빛의 속도보다도 더 빠르게
지구를 떠날지도 모른다는 흥분으로 인해

나는 그날 가슴이 걷잡을 수 없이 쿵쾅쿵쾅 뛰었다

그들 무리와 함께 우주의 어느 한구석에 검붉은 장미를 심을 수 있을까
그런 즐거운 생각에 잠깐 잠기기도 했다

그러다 아주 우습게도 배가 고프게 되면 비린내 나는 저 외계인들을
하나 둘 셋 넷 허겁지겁 잡아먹게 될지도 모른다고 생각했다

어떤 賢者

그 집 정오엔 햇살이 없고 뭔가 알 것 같은 라디오도 없다
부엌엔 할머니와 무엇이라고 자기 생각을 말해야 할지 모르는 사내아이 웃음소리

으으 응 계집아이 울음소리도 없다

거실 소파엔 문예춘추잡지와 변할 것 같지 않은 한비자(韓非子)가 놓여 있고
이마가 툭 튀어나온 젊어 늙은 여자의 긴 머리카락과

남자의 큰대가리와 굵고 억센 팔다리는 보이지 않는다

손가락이 쪼글쪼글한 여자가 번갈아 끼고 다니던 은반지와 금반지
사내가 생필품을 구하기 위해 일하러 나갈 때 신고 다니던 낡은 구두도

옷가게가 열여섯 혹은 열다섯 개인지 확실치 않은 골목에서 이상한 말처럼 들릴지도 모르겠지만
공중전화 부스 안에서 막대사탕을 빨면서 막연하게 뒷걸음치듯 동전도 없이 전화를 걸겠다는 아이들과
수줍은 미소 백합과 장미와 원추리 그리고 완벽한 질서처럼 느껴지는 한 방울 눈물 앞에서

어제 없었고 오늘도 없었으며 명확하지 않고 불명확한 사실들로 인해 미래 또한 없다

광장에서 223일째 농성 중인 언제나 잃기만 했다고 주장하는 따분한 사람들을 길 건너편에서 주시하다

총 55편으로 구성 돼 전해지고 있는 현학(顯學)과 오두(五蠹) 정법(定法)

난세(亂世) 궤사(詭使) 육반(六反) 문변(問辯) 심정(心政) 난일(難一)

혓바닥을 내밀며 없다 법가사상은 없음 비난을 받을 땐 받더라도 과감히 이 순간은 없다고 쓴다

헌터

물에서 사는 잉어 붕어 쏘가리 꽁치 병어를 물속에 잠수해 작살로 찔렀다
늘 푸르지 만은 않은 강과 거친 바다에 사는 맹목적인 물고기들
얕은 물 깊은 물 가리지 않고 그들 모두를 건초더미 쑤시듯 눈에 띄는 대로 마구 진초록 수초 사이로

잉어 가슴지느러미를 향해 꼭 잡겠다는 생각으로 치명적인 작살을 던졌다
황쏘가리 아가미 붕어 꼬리지느러미 꽁치와 광어 의뭉스런 고등어 등지느러미
채소 한줌과 같은 연한 풀빛 냄새 밴 은빛갈치 눈알과 병어 배지느러미도 푹 깊이

바위 산 아래에서 부족장에게 한 굳은 맹세처럼 대나무 작살로 짓찌르다
날카롭고 긴 사지창 어차(魚杈)를 던졌다
잠깐 동안 부딪치게 되는 잉어와 붕어 쏘가리 꽁치와 광어 갈치 병어 고등어
다양한 어종들을 마주치는 족족 작살을 손에 들고

옆에서 빠르게 찌르고 뒤에서 또 찌른 뒤 푯푯거리며 물고기들을 꿰었다

어디선가 내게 들이찔린 물고기들이 강렬한 눈빛으로 나를 째려보고 있다
민물과 짠물을 가리지 않고 나 자신이 오랜 시간 작살을 던지고 찔렀던
수많은 물고기 검정 눈알과 거부할 수 없을 정도로 빛을 발하던 매력적인 푸른 눈알들

나는 오늘 물고기들 움직임에 관해 꼼꼼히 썼다
징살맞다고 해야 하나 눈빛을 꿰뚫듯 배설을 하고 나니 개운하다고 아니 섭섭하다
다음엔 내가 죽인 날카로운 물고기 수많은 이빨에 관해 참없이 쓸 것이다
골방에 처박혀 겸손한 마음으로

너도 모르고 그도 그들 모두가 모르며 나만 알고 있는 섬뜩한 물고기 이빨에 대해
물론 독창적인 양념이 가미된 이야기꾼 이빨로 물어뜯으려고 해

詩王

철갑기병과 창병 궁수로 편제 돼 갑자기 쳐들어온 文國 군대에게 제 1차 言語 전쟁에서

詩國은 불의의 일격을 당해 제대로 된 공격 한 번 하지 못한 채 허겁지겁 방어에 급급하다

詩王 휘하 군대가 병사들과 말 시체 수많은 병장기를 강변과 산야에 무수히 내던져 놓고

하루 밤 사이에 혼비백산 삼백리 밖으로 내쫓긴 그믐밤 文山 馬嶺 전투에서

小說 장군과 散文 장군이 그곳에서 전사하고 말 고개에서 십만 병력이 목숨을 잃은 뒤

王은 臥薪嘗膽 모든 국가운영을 빠르게 전시편제로 전환 설욕을 위한 준비를 칠년간 은밀히 마쳤다

그 뒤 심복인 文章 대장군에게 지휘를 맡기고 선봉장으로 詩 장군 그 뒤를 이어 時調 장군을

내보내 文國에게 빼앗긴 말들을 되찾고 치욕을 씻기 위해

그 장졸들과 백성들이 모두 쉬는 명절에 일만 기병부대로 동과 서에서 불시에 쳐들어갔다

선봉인 詩 장군이 말 위에서 연거푸 쏜 화살에 맞아 적장인 隨筆과 文體가 그 자리에서 즉사했고

여세를 몰아 파죽지세로 제8성문을 깨고 들어가 수문

장인 童詩를 베고 왕성을 지키는 文體心 휘하 삼만여 군사를 일순간에 제압 무릎을 꿇린 뒤 온갖 진귀한 보물들을 취했으며
문王과 왕비 공주와 왕자 대신들과 궁녀를 포함 칠만 사천여 명을 포박해 자신의 수도인 詩城으로 끌고 가
노비로 삼아 평생 동안 사육장에서 말똥과 돼지 똥 치우는 일을 시켰다

제 2차 言語 전쟁에서 뛰어난 전략수립과 전술운용이랄 수 있는 누구도 예상치 못한 가파른 산과 깊은 강을 은밀히 건너
달빛이 없는 그믐에 과감한 선제공격으로 자신의 말들을 詩王이 되찾아 옴으로 인해
강력한 왕권 아래 그가 예전의 권위를 되찾을 수 있었음은 물론 다시는 주변국에게 침략을 당하지 않게끔
1차 개혁인 詩法으로 법률반포와 호적편성 100만 양병과 연좌제 폐지 경죄중벌 원칙으로 개혁을 단행했다

또한 詩國 백성들을 꾸준히 詩語로 교육을 시켜 시를 읊지 못하는 이가 없도록 詩心을 키우는데 힘을 썼고
가을 수확 철이면 쳐들어오는 야만족들은 강력한 군사력으로 정벌 우환을 없앴으며 먼 나라와는 교역을 통해 화친했다

그 후 2차 詩法을 통해 전국을 40개 군과 현으로 나눠 중앙의 명령이 지방 관료조직에 잘 전달 되게 통치를 했으며

토지개혁과 문자와 화폐 및 도량형을 통일시켜 유통케 해 원만한 경제행위가 이뤄지게 했다

그런 연유로 시장친화적인 정책이 펼쳐져 백성들 생활에 윤기가 돌았으며 사방 일만 리 안에 굶주리는 이가 없었다

하지만 法에 따르지 않는 자는 사소한 범죄라고 해도 가볍게 보지 않고 엄히 책임을 물어 倫紀를 세웠다

자신의 몸을 돌보지 않고 대의를 위하여 사사로움을 구하지 않는 강한 개혁으로 인해 일부 귀족층의 반발을 사기도 했지만

그가 시행한 법들은 백성들에게 빠르게 자리를 잡고 사회가 안정 되었으며 국부가 창출 되었다

또한 詩를 하루에 한두 편씩 전 국민이 반드시 쓰고 읽게끔 통치이념으로 내세운 詩王의 과감한 쇄신 아래

詩 民 正 英 사대에 걸쳐 14국 통일을 위한 문예부흥의 틀을 마련

그가 시작한 개변은 그 사후 후대까지 꾸준히 이어져 詩國은 天下詩業을 성취한 나라로 성장할 수 있었으며

마지막 임금인 구종까지 26대 500년을 존속할 수 있었다

肉用池

여섯 마리 용이 살았다는 六龍池에
세 칸 낚싯대 칠월 땡볕 아래 드리워 놨건만

점심 매운탕용 물고기 한 마리 잡히지 않는

괴괴한 수면 위 빨간 찌를 바라보다

저 건너편에 앉아 낚대 드리운 새파란 조끼 걸친 낚시꾼

肥厚한 목 과감히 쳐낸 뒤 팔뚝과 몸통에 고추장 듬뿍 발라
불판에 두툼한 돼지고기 삼겹살 열두 근 올려 자글자글 구워 씹듯

그늘이 매우 깊은 300년 된 느티나무 서늘한 가지 아래 퍼질러 앉아
막걸리와 소주 안주로 人肉갈비를 뜯으면 어떨까 생각했다

봄날 천변에서 장작불에 끄슬려 껍질을 벗겼던 뒷동네 황구처럼

공복에 인경을 침도 안 바르고 삼킬 것 같아
일순간 妄念이 쌩하니 들어왔다 나갔다

은밀함에 대해

내 안에 든 빨강 장미
네 눈 속에서 또 다른 파랑 장미는 녹슬었다

내 가슴속에서 벌겋게 핀
빨강 장미는 네 눈 안에서 파랗게 파랑으로 빛이 변했다

빨강빨강빨강빨강이 빨강 날개 나비로 팔랑팔랑
파랑파랑파랑으로 한 마리 빨갛고 파란 도마뱀처럼

노랑노랑노랑노랑이 노랑 털 앞집 개에서
검정검정검정으로 한 마리 거무스름한 털이 북실북실한 검정개처럼

빨강으로 꽃을 피우지도 못하고
파랑으로 꽃을 피우지도 못한
노랑으로 꽃을 피우지도 못하고
검정으로 꽃을 피우지도 못한

빨강파랑노랑검정 장미는 네 눈 속에서 어느 날 시들었다
내 가슴속에서 찬란하게 피지도 못한 채

빨강 장미와 나비는 늙은 꽃이다
눈곱 낀 노랑 개와 검정개는 호흡을 거칠게 헐떡이고

장미와 노란 개 두 마리와 검정개 네 마리는 여자의 눈동자와 내 가슴이 키운 비애다

빨강하고 불러보자 검붉은 빨강을
파랑 노랑 검정하고 부른다 오늘도 그것들을 힘껏 목이 터지도록

격렬하게 총천연색을 겸손하게 부른다

도플갱어

그림자를 끌고 가는 개

그림자에 질질 끌려가는 늙은이

그림자를 들녘에 던져 놓고
날아가는 새

그림자를 땅 위에 박아 놓고 선
느티나무

그림자는 누군가 엎지른 진한 먹물이다

고릴라 열다섯 마리

고릴라를 죽였다
고릴라 열둘 열셋 열다섯 마리 담장에 세워놓고

M60 기관단총으로 쏴서 죽이려다
사무라이처럼 장검을 빼들고 한 마리씩 목을 쳐서 죽였다

정확하게 열다섯 번 칼을 휘둘렀을 때
털이 부숭숭한 마운틴고릴라 머리 열다섯 개가

피를 내뿜으며 땅바닥에 굴러 떨어졌다
선홍빛 분수의 아름다움 아니 참혹하다고 해야 할까

감흥이 오지 않아 아직은 잘 모르겠다
하나 밖에 없는 모가지 으으 윽 모가지가 떨어져 나간

목이 없는 수컷고릴라 열다섯 마리 발로 꾹 눌러 밟고
내가 잘 모르는 고릴라 눈알

충혈 된 그 눈알에 칼날을 들이대고 30개 눈을 빼냈다
이 촉감은 뭘까 느낌이 없는 잔인한 살육에

난징대학살 때 중국군 포로들 목을 날리는 일본군의 장검이 떠올랐다

雨中 자장면

거북이 십여 마리와
돌고래 이십여 마리 빗길을 헤엄쳐 간다

미루나무와 느티나무 사십여 그루도 그 길을 헐레벌떡 뛰어간다

취허루에 앉아 짬뽕에 자장면 두 그릇과
탕수육을 주문한 뒤 대로를 응시하다

그것들을 급히 내 앞으로 달려오게 했다
거북이 세 마리와 돌고래 두 마리를 헤엄쳐 오게 하고

미루나무와 느티나무를 호출한 뒤

거북이 등 위에 올라타 바다로 나가고 싶어
미루나무와 느티나무가 돼

장쾌하게 내리는 비를 맞으며 늠연히 서 있고 싶다고

짬뽕과 자장면 두 그릇을 국물도 안 남기고 탕수육마저 비운 뒤
몽상에 빠져 빗길로 그것들을 급히 불러들였다

자두

빨강자두를 먹었다 접시에 올려놓은

이 자두는 어디에서 온 걸까

잠깐 동안 자두를 먹어야겠다는 생각도 잊고

자두를 바라만 봤다

그러다 잘 익은 자두와 덜 익은 자두를 깨물었다
단맛과 시큼한 맛을 번갈아가며 맛볼 수 있었던

입 안에서 과육을 발라낸 뒤
아침밥 대신 먹었던 붉은 자두

씨를 뱉어내며
다시 생각해 본다 이 자두는 어디에서 온 걸까

자두하고 읊조려본다

모딜리칸딘스키 화랑

너는 괴롭다 정말 괴롭다고 1108번
나는 즐겁다 정말로 즐겁다고 1109번 생각했다

어린아이를 태우고 빙빙 도는 회전목마를 바라보며 괴롭다고
숲에서 청동풍뎅이를 주시하다 즐겁다고 말했다

너는 왼쪽무릎이 욱신욱신 쑤신다고 11110번
나는 허리가 아프지 않다고 11111번 생각했다

너는 모딜리아니 그림을 보고 1112번 이상하다고
나는 칸딘스키 그림을 응망하다 1113번 음습하다고

갤러리를 나와 머릿속으로 들어온 그림을 지우기 위해
모딜리아니를 11114번 지우고 칸딘스키를 551115번 지웠다

모딜리아니 혹은 칸딘스키와 부딪히지 않기 위해
너는 그들을 피해 큰길이 아닌 골목길로 다닌다 다니고 있다

12578번 또는 257891번 숨어 다닌 걸까
어느 순간 네가 길을 잃게 되는 건 아닐지 궁금했다 357890번쯤

그러다 다시 너는 75757575번쯤 길을 돌아다니다 다시 되돌아갈 것이다
모딜리칸딘스키 화랑으로

목이 긴 여자를 묘사한 뒤 눈동자를 그리지 않은 아메데오 모딜리아니의 사랑을 위해

前兆

한 마리 두 마리 예닐곱 마리 뱀
침대 밑에서 뱀이 기어 나왔다

아이스크림을 핥고 있는데
꽃뱀인지 물뱀인지

정체를 알 수 없는 뱀들이

집에서 기르는 토마토 화분에서도
능구렁이가 기어 나와

넷 다섯 여섯 일곱 마리
방바닥을 기어다닌다

그러다 갑자기 내 눈앞에서 사라진
귀여운 그것들을 어디에서 찾을 수 있을까

잡아서 프라이팬에 튀겨야겠다.

전신주

여섯 개 전신주는 저희들끼리만 서로 이어져 있다
전봇대는 언덕 위에서

소곤소곤 대화를 나눈다

전주는
아래를 내려다보며 즐기는 것 같다

그 누구도 오르지 못할 곳이라고 확신한 뒤

오색찬란한 간판 불빛들을 내려다보며
그들이 가장 높은 언덕 위에 서 있다고 생각했다

언덕 아래에서 위를 향해 오르다보면
행인들에게 그것들은 낮은 전간목일 뿐이다

새장

웃었다 구관조 웃음소리를 들은 뒤
새를 날려 보냈다

그러다 너털웃음이 아닌

울음소리 가슴에 파고들어
두 마리 중 나머지 수컷도 날려 보냈다

그런 뒤 귀곡성 닮은 목소리를 새장에 넣었다

그 안에는
계명성 혹은 두견성인지 알 수 없는 아우성

홍연대소도 울음도 들리지 않는
그곳은 적막하다

그런데 왜 구영조 씨가 생각나는 걸까
갑자기 이 순간에 .

손가락탕

길쭉한 손가락을 국수 가락 대신 냄비에 넣고 팔팔 끓인 뒤
잘 익힌 그 손가락을 젓가락으로 돌돌 말아 올린다면 어떨까

손가락이 아니라면 발가락이라도
국수 대신 냄비에 집어넣고

한참을 끓인 뒤 젓가락으로 들어올리는

새끼손가락탕 한 그릇에 오천 원 인지손가락탕은 육천 원
중지손가락탕은 칠천 원 검지 그리고 엄지손가락탕은 일만 원

손가락탕을 전문으로 끓여내는 식당을 차려보면 어떨까
개업을 결심했다

앞으론 발가락탕도 괜찮을 것 같다

칼라차크라 만다라*

텅 빈 공간을 응시 하고 있는 것 같은 큰 눈알과 마주친 그는
오른쪽 손에 쥔 날카로운 칼로 주저 없이 홀스타인 목을 찔렀다

칼에 찔린 수컷이 몸을 버르적거리다
분수처럼 목 줄기에서 선홍빛 피 솟구칠 때

고통스런 모습을 지켜보며 소가 바닥에 쿵 쓰러질 때까지
그는 그런 자신의 일을 매우 즐기는 것 같다.

바닥에 흘러넘친 피를 밟고

죽임을 당하는 동물들이 고통스러워하는 몸짓을 즐겼던
도살자를 향해 수소가 세상에 대고 외친 비명은

주어진 업을 끝낸 뒤 홀가분해진 마음으로 가볍게 안녕이라고

자신을 죽인 그에게 고통은 이제 끝 정말 끝낸 거니
마지막 순간에 소는 공포를 느끼지 않았다

수레바퀴와 같은 삶 이제야 마쳤다고 생각한 뒤

으이그 귀여운 녀석 나를 칼로 푹 찔러서 죽게 한 귀염둥이 도살자
다음 생엔 내가 네 목에 칼을 대 주마

아니 다시 세상에 오지 않을 순 없는 걸까

---

* 칼라차크라 만다라: 시간(Kala) 과 바퀴(Cakra)의 합성어로 영원한 시간의 수레바퀴를 뜻하며 만다라는 부처님의 법을 하나의 형상이나 한 장의 그림 안에 도형화한 것을 말한다.

검은 고양이

목덜미를 어루만졌다 냉정함을 잃지 않는 고양이 목
그러다 얇은 꽃잎을 깊은 터널 속 깔아놓은 듯한

귓구멍을 뚫어지게 바라봤다 어둡고 긴 터널을 본 것만 같다
봄볕 아래 고양이를 어루만지다

검은 고양이에게 푹 빠진 걸까

졸음이 쏟아졌다 고양이와 눈을 마주치게 되면 그 눈빛은 수면제인가
격렬한 전투를 끝낸 뒤 피를 뚝뚝 떨어뜨리다 참호 밖에서 널브러진 병사처럼

마당 평상 위 철쭉꽃잎이 수북하게 쌓인 봄날에 고양이 눈빛에 취해
검은 고양이 목덜미를 어루만지다 졸음에 취해 빨려 들어갔다

고양이 귓구멍 속으로, 지하실 벽을 허문 뒤 그 벽돌을 모아 벽돌들 사이사이
회반죽을 세밀하게 붙여 또다시 벽을 쌓은

어렵게 확보한 어두침침한 벽 속 은밀한 공간에
산 고양이를 아내의 시체와 함께 그 안에 넣고 흔적까지 말끔하게 치워버린

Edgar Allan Poe의 습기 차고 음침한 지하실로
눈꺼풀 무게는 도저히 감당해 낼 수가 없다

좆

흘레붙다 헛물 켠
개좆

아니 말좆과 소좆

아니아니 코끼리 좆
하마 좆같은

그래 삶이란
개좆같고 소좆같고

말좆같고 코끼리 좆같은 걸

어쩌란 말이냐 어쩔 거야

나이 구십에 바라본
되돌릴 수 없는

거시기한 삶

식빵

식탁 위 올려놓은 접시 위 샌드위치가 있다

입에 물고 씹었다

살코기가 먹고 싶다

돼지고기든 소고기든 상관없다

깻잎이나 상추 무 배추 그런 푸성귀만 아니면 된다
백포도주나 적포도주도 한 잔 마셨으면 싶다

식빵을 뜯으며 적포도주를 마시다보니
이빨에 낀 붉은 핏빛에

나 자신이 시신을 뜯는 승냥이 같다

찢긴 몸뚱이에서 피비린내가 났다
어느 새 몇 구의 시체를 게걸스럽게 뜯은 것 같다

잔인한 원숭이

코브라는 왜 코브라인지 표범 또한 표범일까

얼룩말은 왜 자신이 얼룩말인지

코끼리는 왜 코끼리인지 늑대 무리 또한

물소는 왜 자신이 물소인지 묻지 않는다

코브라여야 하고 왜 표범과 얼룩말인지를
코끼리여야 하고 늑대와 물소여야만 하는 이유에 대해

그들은 캐묻지 않는다 인간이 그들과 다르다고 생각 되는 건
자신이 어떤 이유로 인간인지 의문을 갖는 것으로부터 시작 된다

왜, 왜라고 끝없이 묻는 왜, 왜라고 전혀 묻지 않는 동물들과
사사건건 왜라고 캐묻는 저만 잘났다고 생각하는 동물인

잔인한 인간들을 바라보다 저들은 왜 함께 사는 걸 배우지 못한 걸까
묻고 싶었다

안심 정육점

잘라내고 끊어내자
내게 주어진 하루 이십사 시간

그대가 원하는 안심이면 안심 등심이면 등심 부위별로

아침시간과 점심 저녁을

시간대별로 분류 도마 위에서 칼춤을 추듯

그대 까다로운 입맛에 맞춰 드실 수 있게끔
쇠고기를 토막 내

하루 이십사 시간 중
가장 편한 시간대에 맞춰

갓 잡은 암소 맛있는 안심과 등심 부위는 당신에게
싫다고 하신 가죽과 발굽 밤 시간은 내 몫으로

혁명

택시 안에는 네 명의 여자
트럭 뒤에는 군인이 열다섯
택시엔 다리 여덟 개
트럭 뒤엔 다리가 삼십 개
택시는 거리를 질주 하고 있다
트럭도 속력을 내고 있다
상처는 그녀들을 아프게 했고
흉터는 군인들도 고통스러웠다
기쁨을 맞이할 준비가 미흡한

그래 준비가 부족하다고 해도
곧 다가올 기쁨과 즐거움을 위해
그것들을 받아들이기 위해 애쓰자
내일을 위해 부끄럽다는 생각은 이제 그만

새롭게 쓰게 될 밝은 그날을 위해

2

산사태

여자와 남자는 산 아래 밭 한가운데 서 있었다
수박밭이 그와 그녀를 삼킨 걸까

말이 되지 않았다 그가 사라지다니
발을 동동 굴렀다 그녀도 함께

어쩔 수 없이 되돌아 나왔다

그와 그녀는 지금도 찾지 못했다
그 둘을 붉은 민둥산이 집어삼킨 뒤

방법이 없음을 알았다 어떤 난폭함과
운명의 섭리가 그곳을 쓸고 지나간 건지

밭만 알고 있다 입이 없는 수박밭

그것들은 침묵하고 있다
산사태가 일어난 건 지난여름 장마 때였다

로그인

열두 그루 아니 스물다섯 그루 배나무 아래 앉아

요절한 시인들 시를 꼼꼼히 읽을 때처럼
과수원에서 시간을 보낼 수 있다

배꽃 잎이 떨어져 내린다
휘황하다 과장된 몸짓이라고 내 눈과 귀 코가 느꼈다

그 시간을 깊고 장엄하게 받아들이며
순백의 꽃잎들 향을 스물일곱 조각으로 갈라

이십대 중후반에 삶을 끝낸 시인의 시처럼
사라진 그들의 숨결을 되새겨본다

적막을 끌어안고 오랫동안 앉아 있었다
로그아웃 된 그들과 교감하면 그럴 수 있다

문장 안에서 저 드넓은 문장 밖을 향해

고장 난 날씨

온풍기와 냉장고 전기난로와 다리미
방바닥에 늘어놓고 고장 난 전자제품들을
새것과 다름없게 이틀 만에 뚝딱 고쳤다

흐렸다 개었다 날씨가 고장이 난 걸까
삼십분 전에는 억수로 비가 쏟아지더니

잠깐 사이 말짱하게 갠 도대체 요즘 날씨는 알 수 없다
변덕 심한 여편네처럼 종잡을 수가 없는

개망나니처럼 온갖 소란을 한밤중에 피워도
가로수를 박지르고 빌딩 유리창을 깨뜨려도

날씨는 고칠 방법이 없는 걸까
시계포에 고장 난 시계를 맡긴 뒤 잠깐 동안 수리하듯

날씨를 고칠 방법을 찾고 싶다
하루에도 열두 번씩 변덕을 부리는 기후 앞에서

고장 난 날씨를 고칠 수 있는 방법을 생각하다
날씨와 나 사이에 선을 긋기로 했다

운수 사나운 날

식당에서 갈치조림을 먹다
전혀 예상치 못한 상태에서
옆자리 사내에게 칼을 맞은 남자는

운수가 매우 사나운
몹시 무덥던 그 날을 기억하게 될 것이다
경찰서에서 사내는 갈치조림이 싱거웠다고
간이 맞지 않는 생선조림으로 인해
갑자기 치미는 화를 누를 수 없어

몇 시간 전 청계천 시장에서 구입한 칼을 꺼내
일면식도 없는 남자를 향해
주방용 칼을 마구 휘둘렀다고 말했다

그 행위에 대한 이유는 몰라 그 누구도 모른다
도대체 그 심리상태를 헤아릴 방법이 없다

달빛

달을 봤다
달빛에 감기면 목이 답답해

달을 봤다
달빛에 취하면 발을 헛디뎌

달을 봤다
달빛 고즈넉함엔 혼이 빠진다

달을 봤다
달빛 아래 서 있게 되면 쓰러지게 된다

달빛 교교함 아래에선
불귀의 객이 되지 않을 수 없다

그 시퍼런 빛에 가슴이 찔려

이비인후과 의사

오늘도 음식물을 밀어 넘기는
어두운 구멍을 봤다

목구멍은 열린 공간인가

여자는 하루도 빠짐없이 눅눅하고 습기 찬
고요한 동굴과도 같은 구멍을 들여다보며

남녀노소를 따지지 않고 목 속에 핀셋을 집어넣는
목구멍이든 콧구멍이든 구멍만을 바라보는

이비인후과 의사다 그에겐 모든 것이
구멍으로 보인다

지금도 그녀는 어둡고 캄캄한 구멍에 빠져 있다
구명줄이라도 던져 줘야 하는 건 아닐까

신유목민

누군가 염소와 개 고양이를 뜯고 있다
아니 염소와 개 고양이를 묻고 있다
어떤 이는 밥을 굶고 있다고 한다
밥을 굶다 배고픔을 견디지 못해

개와 고양이 그리고 염소를
물어뜯었다는 소리에
모두를 묻었다는 소리인지
그것들은 묻혔을 것이다

그럼 그렇지 이빨 사이에 낀
고양이와 염소 검둥이를 봤다
이쑤시개를 들고 경대 앞에 선 그로 인해
거울은 찬찬히 살펴 볼 수 있었다

그 사내 이빨과 혓바닥 사이로 뛰어다니는
개와 고양이 염소

예언가

강이 있다 강 사이엔 바위가 있고 나무가 있다
그러나 그들이 살고 있는

거대한 강에는 돌과 나무가 없다

여자가 살고 있는 산에만 돌이 있고 나무가 있다
간섭하려고 하지마세요

방해는 용서하지 않겠어요

그녀는 칼날처럼 단호하다 산에서만큼은
충고하려고 하는 선을 넘어서려고 하는 이들에게

과감히 말했다 어쭙잖게 나서서 말하지 말라고
우주와 교감하는 안테나를 지닌 그녀였기에

여자에게 산을 제외한 누구도 그 누구도
의견을 낼 수 없었으며

그 어떤 이 말도 받아들이지 않는
그녀는 방해 받지 않고 자신의 길을 찾아 가고 있다

받들어 모실 말씀을 위해

불청객

사무실에서 거울을 들여다보며
실내에 홀로 서 있다
거울 속 투명한 빛에 빠진 걸까
나는 그곳에서 허우적거리는
나 자신을 건져 올려야만 했다
그러다 누군가 밖에서
문을 거칠게 잡아채는 이 있다
그에게 문을 열어줘야만 하나
나는 그날 이렇게 뇌까렸다
저 녀석에겐 대문을 열어줄 생각이 없다고
바람이 드세다

自虐

어느 날 무릎에 침을 놓으려다
대침을 손에 쥔 채 멈췄다

왜 왼쪽 무르팍에 침을 찔러야 하는 건지
당최 그 이유를 알 수 없어

침을 놓으려다 말고
그 순간 나 자신을 강하게 부정한 뒤

극도의 우울감이라고 할까
내 목을 침으로 마구 찌르고 싶었다

모이를 쪼아대는 닭처럼
깊은 열패감에 빠져

20121118

빵을 구웠다

아니 빵 대신 고등어 눈과 이빨을 구웠다

접시 위 올려놓고

곤소금 뿌린 뒤

입 안에서 미끈거리는 눈알과 이빨을 아작 씹었다
극심한 이 허기는 어디에서 오는 걸까

길가에 버려진 소가죽 구두라도 씹어야 하리

아니 귀뚜라미라도 몇 마리 더 잡아야만 할 것 같다

가만 오늘은 몇 년도 몇 월 며칠
현재 시간은 몇 시일까

잡념

너를 떠올린 뒤 벽에다 못을 친다
굵은 대못을 벽에 쾅 쾅 쾅

너를 걸려고 했으나 못만 치고 말았다

얼비친 그림자만

벽에다 못을 쳐 누워 있는
때론 바닥에 앉았다 일어선

네게 그윽한 눈빛을 쏘려고 했으나

벽에다 못만 치고 말았다
그림자에다 친 못

못은 박히지 않고 자꾸 튕겨나간다

잡스런 생각처럼

리더

암소와 감자 만화경도 아니고
대장간과 도자기

부적과 버튼 로봇도 아니고 잠자리도

은행나무와 멍게 포대자루
중국어도 영어와 불어 일본어와 독일어

에펠탑과 풍선 법화경과 지하철도 아닌

아니다, 아니다가 아닌 그렇다, 그렇다고 말하고 싶은
마음
부정이 아닌 긍정인

누구든 그 누구에게라도 희망을 품게 하고 싶다
세상살이 고달파도

그는 그 뒤에 선 그들을 끌고 나가야 한다

연어 닮은 매끄러운 말

피곤한 불빛 아래에서 언어를 찾았다 말은 어떤 걸까
빛나는 말은 절박함 뒤에 온다

눈꺼풀이 무지근하다 무겁게 느껴지는 고단함은
피곤에 찌들어 곤함을 느끼기도 전 바스라지고 있다
내 안에서 미끈덩 빠져나가기만 하는

물줄기를 타고 모천을 향해 헤엄치는 연어 닮은
매끄러운 언어 등 위에 올라타

물 위를 솟구치고 싶은 욕망에 대해 차분하게 생각해봤다
거리에서 만나게 되는 어벙한 점쟁이 뒤에 서 있는 말

마구 달려 나갈 것 같아 혼미한 정신을 수습하며 찾았던
고단함 사이 어른어른 누군가에게 건넬 말을 찾기 위해

밤에 날 선 언어를 만날 수 있을 것이란 기대는 깨졌다
무참히 배신 또는 배반이란 단어를 노곤함 뒤 나는 또 만났다

매끄러운 언어가 연어를 잡아먹은 시간에

청운각

중국집에서 삼선자장면 말아 올리다

단무지를 씹은 순간

반달이 내 안으로 쑤욱 들어왔다

서늘하고도 뜨겁게

그날 나는 씹었다 아삭아삭한 노란 달

외출

암수 두 마리 홍어를 발라낸 뒤
접시 위 올려놓으면

홍어 살이 부풀어 오른다 이스트처럼 부푼

흑산도 홍어를 씹으면
육질이 쫀득쫀득하다

저 태양도 벌겋게 부풀어 올라있다

열두 시 오십 분까지 오겠다고 한
아내와 아들이 집으로 돌아오지 않아

하늘 위 떠 있는 해를 바라보며
점심을 먹었다

고혹적인 태양을 초대해

노랑부리 새

책상 서랍 속에서 울다 주머니 속으로 들어온

그러던 어느 날 내 머릿속으로 들어와
편두통처럼 머리를 쪼아대는

배가 몹시 고픈 새끼가 어미를 찾아 둥지에서 부리를 내밀며
카악 카칵 칵 우는 걸까

모이를 달라며 바지 주머니 속에서 크크 카악 카

침대에 몸을 눕힌 채 고단한 일과에 지쳐 일어날 기력도 없는
새벽 두 시에 새는 내 팔과 다리 얼굴이라도 쪼아 먹으려는 걸까

캐액 캐 캐 캑 캐톡 캑톡 캑톡 캑톡 캐토톡
내 귀를 쉬지 않고 쪼아대는

저 새는 잠도 없다 나를 흔들어 깨우는 노랑부리 캐 케 캐 캐톡새
깜박 잊었다 음소거

푸른 방

겨울비 오후 내내 쉬지 않고 내려 눈길을 주지 않을 수 없었던 삼년 전 우산 속에서
눈매가 서늘하고 이마가 반듯한 여자에게 말을 건넸던 십이월 세 번째 금요일에

그녀의 귀에 달린 동그란 귀고리가 도시의 소음처럼 찔렁거리는 소리를 들은 것 같은 금은방 거리에서
급작스럽게 여자가 아닌 한 사내가 우산을 들고 거리를 걸어가는 뒷모습 그 서늘함에
가슴을 찔려 이층 사무실에서 멍하게 서 있다

그날 그녀의 집을 물어물어 찾아간 나는 방 안에서 며칠을 나오지 않고 물감을 짓이겨 떨어진 모란을 그리고 있는
그러다 누군가와 메시지를 주고받은 뒤 붓의 방향을 바꾸며 격하게 울음을 터뜨린

참혹하게 일그러진 한때는 아름다웠을 여자 얼굴을 마주한 뒤 억지로라도 웃어야 할지 아님 그녀 곁에서 함께 훌쩍거려야 할까
흐릿한 형광등 불빛 아래에서 알아들을 수 없는 말들을 중얼거리며 술을 마시던

그날 밤 파란 색 기와지붕 위로는 엉터리 기상대의 일기예보와 관계없는 비가 그친 뒤 함박눈이 내렸고
담배에 연신 불을 붙이던 여자는 침대 위에서 흑흑거리다 견딜 수 없다 못 견디겠다며 가슴을 쥐어뜯었으며

문이란 문은 꼭 꼭 잠근 뒤 말 같지도 않은 이런저런 말들을 주절거리다 밤늦도록 마시던 술이 떨어져
나는 가게가 있는 골목 아래 헝클어진 길까지 한참을 걸어서 내려갔다 와야만 했다

쌓인 눈 위에 가려져 보이지 않는 움푹 꺼진 보도블록을 피해
그러다 문득 궁금했다 그녀 가슴에 찍힌 화인은 누가 남긴 걸까

불 꺼진 미래장

불 꺼진 카페에 개구리 한 마리

불 꺼진 미용실로 여자가 걸어들어 왔다

불 꺼진 미래장 304호실에서 깍두기도 없이

소주를 마시는 광대뼈 튀어나온 남자

어딘가 개구리눈을 닮은 여자의 눈빛에서
유월에서 칠월로 건너가는 그 달의 마지막 날

젓가락을 쥐고 컵라면을 먹다 마침표를 찍고 싶었다
먼지 낀 창과 같은 비루한 삶 앞에서

아아 그러다 쉼표를 닮은 하늘에 뜬 별과 달을 향해
해결할 수 없는 문제는 없다며

마지막 활시위를 당겼다

별빛수도원

먼 인연처럼
별 하나 별 둘 별 다섯
낯가림이 심한 별들이
하품을 쉬며 내려오고 있다
모두 잠든 시간에
하늘에다 빗금을 긋고 있다

폭주족

한 여자가 대로 위에서
오토바이를 타고 있다 거리낌 없이

가속 액셀러레이터를 바짝 당긴다
불안함을 덜어내기 위함인가

속도제한 없이 무제한으로
가죽재킷 차림의 관능적인 여자가 내달리고 있다

까만 선글라스를 낀 여인은
싸한 광기를 품고 있는 것 같다

햇빛이 도로 위 대침처럼 꽂히는 정오에
가만히 들여다보고 싶다

깊은 우물을 닮은 그녀 눈동자를

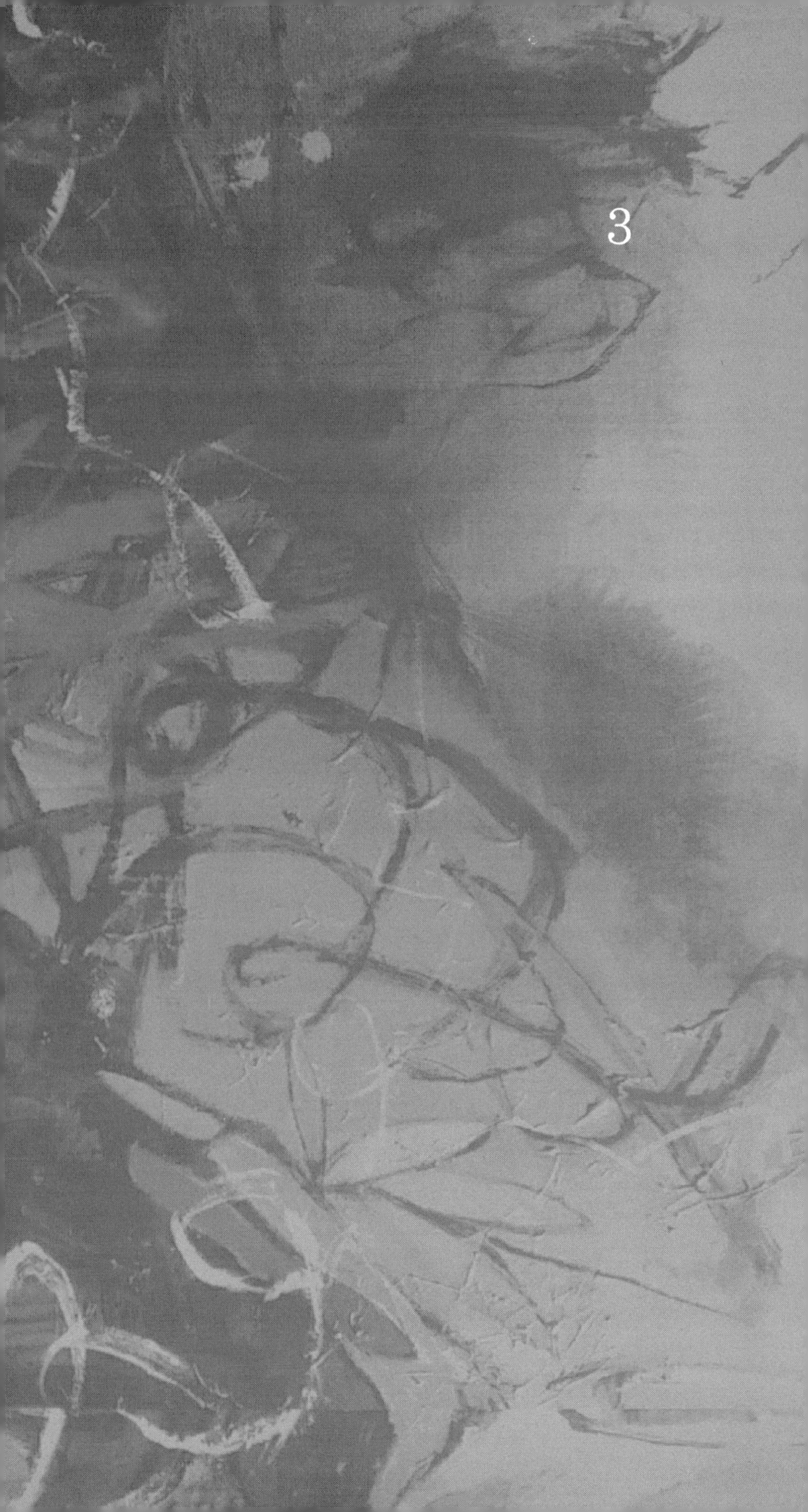
3

잡념

며칠 전 천장에다 눈과 코를 그리고 있는데
갑자기 짧고 뭉툭한 팔다리가 튀어나왔다

나흘 전 사무실 바닥에서 머리를 감고 있는데
급작스럽게 당나귀 귀가 솟아올랐다

닷새 전 벽에다 금을 주욱 죽 긋고 있는데
갈라진 벽 사이 느릿느릿 기어 나온 실핏줄 같은 망상들

생각이 있는 걸까 없는 걸까
뭘까, 그 무엇도 아닌 이상한 것들이 쭈뼛거리며

한낮 격렬했던 삶과 분리된 채
사무실 소파 위에서 그 무언가를 향해 고개를 조아리는 것 같다

불안한 시간을 툭 투욱 툭 끊어 먹으며

기괴한 악보

목청을 낮게 깐 미묘한 분위기 속에서 흐느끼듯 흘러나오는 걷기는 중요하지 않다
그러다 내 안에서 툭 떨어져 나온 미국산 곰발바닥 아닌 인도산 흰 코끼리 발바닥

처음 발걸음은 채칵채칵 움직이는 시침처럼 어느 곳에서 그 걸음걸이를 옮긴 걸까
태초에 있던 곳에서 의자에 앉아 처컥처컥 걷는 소리를 들었던 기억이 있다

냄새는 침묵에 있고 그늘에 그림자는 없다는 말처럼 묵묵히 걷는 것과 걷지 않는 행위는
괄호 밖 아님 태양 빛 사라진 오동나무관 속에 누워있었던 어떤 사내의 삶처럼

휘파람을 부르면 의아해하며 냅다 뛰쳐나오지 않는 발걸음을 쫓다 반생이 지나가고 있다
그러다 모든 사물의 뒷모습에 친근함을 느꼈고 무작정 좋아졌다 아니 좋지도 싫지도 않았다

무수한 나뭇잎들이 감싸는 기괴한 악보와 같은 몸짓을 나는 듣지도 느끼지도 못하는 까닭에
그러나 그것은 맛있다고 예기치 않은 순간 그가 말했다 언젠가 철로에 앉아 들었던 뽕짝처럼

철쇄에 다리가 묶인 코끼리 눈알을 응망하다 그 눈에 비친 내 눈을 본 뒤 펜치를 들어 사슬을 끊고
하늘을 우러르며 그 누구도 들을 수 없는 노래를 귀 기울여 듣고 또 들었던 기억이 내겐 있다

아침 뽀얀 햇살 속으로 천천히 들어가 이곳은 또한 몇 미터 떨어진 그곳은 어떤 곳인지 의문에 휩싸여
오밀조밀하게 움직이는 둔중한 행보를 있다 없다 사이에서 갈등하다

몸에서 냄새가 날 때면 욕조에서 샤워를 하며 쏟아져 내리는 물줄기 아래 몸을 맡긴 뒤
질투와 좌절 위로 야망과 사사망념(私思妄念)을 완벽하게 내 안에서 삭이기 위해 애쓰고 있다

추하고 순한 그러나 아름다운 열망이 배어 있는 그 소리를 다시 받아들이기 위해 지금 이 순간에도

쥐

울었다 울고 있다 찍찌지직 찍
그러다 쥐가 웃었다 쯔즈 찌찌 찌

콧수염을 잡아당기다 귓구멍을 후빌 때

시궁쥐는 카르르 웃었던 것 같다

면도칼로 쥐의 수염을 밀었을 때
울었던 걸까 아님 흐흐 흐 웃었나

그도 저도 아니면 울지도 웃지도 못한 걸까

앞마당에서 쥐의 배를 간질이다
문을 닫고 간질였어야 하는 건지

그 경계 언저리에서 심각한 고민에 빠졌을 때

파란 문을 차고 나가 고양이에게 쥐를 던져주려다
앞집 뭉치에게 주었다

별생각 없이

당나귀는 당나귀에게

울던 당나귀 어디로 갔나
마구 지저귀던 밀화부리는 어느 곳으로 사라진 걸까

당나귀는 당나귀에게

밀화부리는 밀화부리에게

각자 제 갈 길 가게 하자

당나귀 이름과
새 이름도 묻지 말고

고장 난 타이머처럼 기코 기코고 고고고 제멋대로 우니는

그냥 우닐게 놔두자 놔두도록 하자

가슴속 에이는 그리운 노래가 아니라고 해도

老眼

김밥천국이 개밥천국으로
개밥천국이 김밥천국
개성보쌈이 개밥보쌈으로
개밥보쌈이 개성보쌈

흐린 눈에 그렇게 보였다
아침에 식당을 찾기 위해 나섰다

개밥천국 아니아니 김밥천국
개밥보쌈 아니아니 개성보쌈
식단과 관계없이 아침밥 먹겠다고
골목길 헤매고 다닌다, 다니고 있다

밥을 위해

강아지풀

풀잎 사이 어룽어룽
까만 눈동자
어느 순간 네 안에 들어온
강아지풀 몸 비틀면
연초록 새 일어섰다
네 눈길에 사로잡힌
네게서 빠져 나가려고 발버둥치는
눈과 귀 뒤 까칠한 금강아지풀
길다 긴 숨을 내뱉고 있는
짧다 아주 짧은 호흡 새
풀세게 왔다간 누군가의 생
그쪽이다 저쪽이다
그곳과 저곳 사이

공룡

장미 무늬가 매우 새침하게 돋보이는 분홍색 양산을 손에 꼭 쥔 채

여자는 티라노사우루수 품에 안겨 별생각도 없이 재채기를 하고 있다
그러다 양산의 뚫린 구멍을 통해 날카로운 족지갑이 몇 개인지 세고 있다

공룡도 여자의 발톱을 세고 있다 자신의 갈고리 같은 족지갑과는 전혀 다른
반달형에 푹 빠져 격하게 사랑이라도 나누려는 걸까 몽롱한 눈빛으로
어느 날 갑자기 만나게 된 여자의 가슴속으로 자신의 머리를 밀어 넣었다

여자는 거대한 몸집의 공룡에게 끌리는 자신을 어쩌지 못했고
공룡도 가녀린 여자의 치명적인 매력에 이끌려

몸을 누일 거처도 없이 여자 곁에서 머물고 있다
자신의 억센 턱과 재빠른 앞발을 먹이 사냥에 제대로 사용하지 못해 굶어 죽게 되면

공룡의 시체를 뜯어먹는 하이에나를 닮은 코엘로피시스에게 몸을 내줘야 하는 건 아닐까

지금으로부터 6500만 년 전 중생대 시절 지구에서 살았던 공룡들을 불러본다

어린 나무 줄기와 나뭇잎 풀과 열매 등 식물만 먹고 사는 프시타코사우루스와 사이카니아가 걸어오고 있다

으 잉 으으 잉잉 잉 날씨가 무덥다 몹시 덥다 보니 헛것들이 보인다

더운 바람이 여자를 아주 먼 머 언 그곳으로 데려다 준 걸까 아무튼 반갑다 공룡들아

누구도 그 누구도 볼 수 없었던 너희 무리를 한꺼번에 만나게 되다니

먼 먼 중생대에서 바람이 불고 있다

비감

외로운 그늘의 슬픔을
무엇이라고 부를까
깊은 상실감에 흘리는 저 눈물의 길이는
어떤 자로 잴 수 있을까
네가 갑자기 사라졌을 때
그 허전함을 무엇으로 채울까
어느 날 오후 안경에 낀 먼지를 닦다
그가 먼 우주로 사라졌음을 알았다
감당 못할
짐작이 되지 않는 일로 인해
울컥, 멍하다

먼 무덤

총을 손에 쥘 수 없어서 총구멍을 볼 수 없고
탱크 곁에 갈 수 없어 캐터필러를 볼 수 없어

총은 총구멍을 불신하고
탱크는 캐터필러를 믿을 수 없는데

총기 보관대에 총은 서 있고
탱크들은 연병장에 횡대로 줄을 맞춰 있건만

총구멍과 탱크를 마주대한 뒤
무한 신뢰할 수는 없는 걸까

총은 총구멍으로
탱크는 캐터필러로 다가오는 까닭에 믿을 수 없다고

그것들을 지구 밖으로 확 내던질 순 없는 걸까

아득한 금요일

식탁 앞에서 물끄러미 밥그릇에 떨어진
눈물방울 수를 세다
내 이야기를 귀 기울여 듣지 않는 그 앞에서
밥알을 씹다말고

제멋대로 뒤섞인 유행가 음 같은 금요일 한낮에
슬그머니 손에 쥔 수저를 내려놓았다

느슨한 화를 닮은 눈물도 그와 같은 걸까
급작스럽게 닫힌 감정을 나는 기억하고 있다

심한 우울증에 시달리던 여자와 함께
그 집 붉은 담장 아래 정원에서 수인처럼 보낸 시간을

주변인들은 모른다 그 누구도 으아악 으아아 모른다
달걀껍질 같은 여자의 고통을

캣맘

으깨진 호두 속에서 뭉개진 바람소리를 들었다

호두가 가을바람을 깊이 들여 마신 건지

아님 바람소리가 잘게 씹어 삼킨 걸까

호두나무 앞에서

지난 봄 화단 옆 묻었던 고양이를 불렀다

멈출 수 없는 뜬생각으로

고양이 예삐를

야옹 야야 옹 하며 튀어나올 것 같은
누군가에게 목이 잘린 하양 길냥이

산호랑나비

산호랑나비 날개를 타고 무질서한 꽃잎 위에서 지나간 과거를 만났다
그 시간들은 날이 시퍼렇게 선 칼을 들고 내 심장을 찔렀다

나비들은 팔랑팔랑 동서남북 방향으로 흩어져 날았다
누굴까 내 가슴을 과거에서 현재까지 양심의 가책도 없이 쉼 없이 찌르는 이

앵돌아선 꽃과 나비들에게 등을 돌리고 그 무리로부터 벗어나고 싶었다
짧은 봄은 바로 지나갔고 여름은 길고도 지루하게 내 앞에 머무는데

그것들 날갯짓은 왜 이렇게 두꺼운 갑옷처럼 무겁게 느껴지는 걸까
고단한 우리들 삶처럼 나비는 팔랑팔랑 자유롭게 날아다니지도 못한 채

담장 위 내려앉아 무아경을 경험도 못하고 시간을 무작정 죽여야만 하는 건지
지나가지도 않고 오랜 시간 머물 것 같은 뜻하지 않게 긴 여름 앞에서

우아하게 표정을 바꾸지도 못한 가슴속 담아두었던 과거 연들을 나는 하나씩 토해내려고 한다
속울음소리를 거칠게 밀어낸 뒤

떼떼이 몰려들던 수많은 나비들을 발아래 밟고 아 으아 신비로운 매력이라고 말할 수 있을 때까지
경계와 경계 사이에 서 있기로 한다

까마귀

해 질 녘 새청맞은 소리로 날고 있는

까마귀 한 마리 하늘에 붉은 생채기를 내고 있다

찢긴 날개로 극한의 고통을 견디며

중심을 잡지 못해 기우뚱 거리며 날아가던

허공도 새의 눈동자도 핏빛으로 물들이며

하늘 길 가르며 인내하던

날갯짓 바라보다 시붉은 비단천이 째지는 듯

일순간 내 몸이 휘뚝했다

이빨과 이빨 사이

입을 열자마자 혓바닥이 이빨을 불러냈다

앞니와 어금니 송곳니도

뜨거운 밀크 티 한 잔을 마신 뒤

이빨을 갈면서
목구멍을 불러봅니다

목이 쉬도록 부르고 또 부릅니다

앞니에서 시작 사랑니에서 끝낼 수 있길 바라며

눈을 뜬 채 차를 마시다

다시 눈 꼭 감고 코를 잡고서 혓바닥을 불러본다
이빨을 위해 어금니 이름으로

살벌하게 앞니를 뽑기 위해

스나이퍼

당신과 M 사이에 H가 있다
당신 얼굴과 M 사이에 표적이 있다

당신과 M 사이에 D가 있다
당신 얼굴과 M 사이에 표정이 있다

그늘진 얼굴 뒤 G가 숨어있다
그늘진 표정 뒤 A가 숨어있다

당신과 M을 한없이 작아지게 만드는
그 무엇 사이

표적 뒤에는 숨은 표정이 있다
과감하게 당기자 방아쇠

삶의 방식

작은 도서관 앞 의자에 앉아
시원한 얼음 네다섯 조각을 입에 물고 천천히 삼키다

네 것도 내 것도 아닌 입 꼬리에 살짝 걸친 아이 웃음이 떠올라
나도 모르게 내 안에서 웃음이 팍 터져 나왔다

무슨 대단한 사건이 일어난 것처럼
흐릿하다 어딘가로 갈 수 있는 또는 갈 수 없는 행위안에서

가깝게 다가가기도 하고 떨어져 나가기도 하며 뒤로물러서기도 하는
그러다 어딘가로 다가갈 일조차 없는

생은 그렇다 그 뿐이다

단풍유감

붉은 귀가 떨어지고 있다
귀 하나 둘 셋 넷 다섯 여섯 일곱 여덟

셀 수도 없을 만큼 수많은 귀들이

코가 떨어지고 있다
도저히 수를 헤아릴 수 없는 붉디붉은 코

11월은 냉정하고 예리한 칼날을 들이대
단풍나무 귀와 코를 추풍으로 베고 있다

흐득 흐드득 흐느낌 닮은 나뭇잎들
툭 투두둑 어느 순간 목이 떨어지고 있다

땅에 떨어져 뒹구는 모가지로 나를 바라보는
단풍잎 굼깊은 눈에는 핏빛이 들어있다

아군과 적군을 구별할 수 없을 정도로

그 계곡엔 핏덩이로 낭자한
후두둑후두둑 단풍잎 시신들이 발꿈치에 걸린다

파리 11구 바타클랑 극장 안에서
13일의 금요일에 일어난 무차별 총기사건처럼

끝없는 飛行

새가 난다 비 사이로 직박구리
실바람 새 삐이요 삐요 삐삐
실비 가르며 노랑때까치
남실바람 뚫고 붉은허리개개비
가랑비 사이 댕기물떼새
산들바람 좇아 치칫 치칫 노랑턱멧새
된바람에 몸 싣고 긴발톱할미새가 난다
치치치치칫 치치치 울면서 난다
날아오른다 날고 있다

어딜까 그곳은 그 어딘가를 향해
지금도 난다 날아오르고 있다고
머릿속에서 그렸다 별다른 이유 없이
새들이 날고 있다고

대화

비범하게 비범한 소년으로
비범하게 비범한 소녀로
비범한 소년에서 평범한 청년으로
비범한 소녀에서 평범한 숙녀로

모든 평범함 속에서 비범함을
비범함 속 평범함
쓸모 있고 쓸모없는 아름다움
비범함과 평범함을 뛰어넘은

네 신중한 입술과 손가락 사이
발가락들에서 너는 야위었다
철없는 꿈을 닮은 백합처럼
비범하지만 매우 평범한 너

가뭄

예당저수지 바닥이 드러난 채

입 벌리고 있는
저 깡통과 빈 맥주병들은

죽은 물고기 아가미를 닮았다

청색자동차와 비 그리고 국수와 함께 어제가 있는 집

초겨울 비 무겁게 내릴 때 도로 위에 서 있어도 몸이 젖지 않고
청색 자동차에 빗물을 쓱쓱 밀어내는 와이퍼가 필요 없는
아무도 귀 기울여 듣지 않는 그대 내면의 소리처럼 내리던 비 그친 뒤
작별인사를 닮은 느슨한 오늘이 지나도 내일이 오지 않을 때

국숫집에서 색깔 없고 밍밍한 단편소설 같은 멸치국수를 주문한 지 한참이건만
주방 아줌마는 그저 물을 끓이기만 하는 걸까 국수는 나오지 않고
조심성 없는 소년이 구슬을 주머니에서 흘리듯 진눈깨비 창밖으로 마구 쏟아져
사내가 양팔을 다 벌린 채 빛도 없는 그 자리에 오랜 시간 서 있어도

그녀 삶에서 가장 빛난 빨강과 노랑처럼 빗나간 눈과 비 몸에 와 젖지 않을 때
그것들을 불러들여 석류 조각 같은 여자가 알아내기 위해 노력한 결과는
초록 그늘 같은 남자가 몸으로 받아들이기 위해 애쓴 시간들은 뭘까

건너편 햄버거 집 아저씨 똑딱이는 초침과 분침소리에 귀를 기울이며
매우 열심히 미소를 짓지도 않고 때때로 햄버거를 만들다 말고 망연자실
깊은 회의에 잠겨 까맣게 새카맣게 자신에게 내일은 없다고 긴 한숨을 내쉴 때

먼 풍경과 멈춰버린 시계추와 꽃병을 닮은 여자에게서 해맑은 소녀를
남자에게서도 콧등을 매만지다 더부룩한 머리를 자르고 싶어 한 앳된 소년을 봤다
그 남녀에겐 내일이 없다는 결론을 내렸다고 방문을 열고 누군가 말했을 때
지나간 시간을 향해 그와 그녀는 과감히 되돌아가고 있는 걸까

죽지 않겠다고 젊은 시절로 돌아가 다시 한 번 미친 듯 강한 열정으로 살겠다고
달밤이었는지 환한 대낮이었는지 잘 기억이 나지 않지만 동어반복처럼 뇌까린
직감으로 나는 알고 있다 휘어진 시간의 골 사이 과거로 향한 길을 그 둘이 찾았음을

응원

술 마시다 손뼉 쳤고
손뼉 치며 술을 마셨다

술 한 잔 마신 뒤 손뼉 두 번 치고
술 석 잔 마신 뒤 손뼉 여섯 번 치고
손뼉 치고 술 마시고 술 마시며 손뼉 치면서

우리 모두 박지성과 안정환 홍명보를 향해
술 마시고 손뼉 치고 우르르 손뼉 치며 술 마셨다

막걸리를 마시다 소주
다시 또 자리를 옮겨 통닭을 뜯으며 맥주를 마셨다

대한만국에 손뼉 치면서 이런저런 술들을 폭음했다
월드컵이 끝날 때까지

온갖 술을 마셨다 박수를 치면서 마셨다
주먹을 쥔 채 마셨다

지금까지 쭈욱 마신다 마시고 있다

4

下生

미륵이 혼자 있다
얼마나 그곳에 있었던 걸까
주체할 수 없을 정도로 오랜 시간
누군가를 기다리며
오전 내내 가랑비에 젖고
늦은 오후부터는 쭈욱 눈을 맞으며
온몸이 젖어들어 슬픈 마음으로
아니 기쁜 마음이 돼 설렘으로 서 있는
어디선가 덜컹거리는 소리 들린다
누군가 걷다 뛴다 뛰고 있다
그러다 서성이다 멈췄다
이내 적막하다 그 고요를 깨고
한 마리 토끼가 내달린다
뒤를 돌아보지도 않고

그들은 마음 한쪽에 불을 켠 걸까
56억 7000만년을 향해

광장

뛰었다 누군가 다가와 천천히 뛰다가 숨이 차도록 빠르게 뛰었다
더욱 더 빨리 빠르게 뛰고 또 뛰었다

사무실에서 나와 냅다 뛰었다 뛰고 또 뛰었다
그러다 옆 건물 층계를 오르기 전

눈앞에 펼쳐진 아득한 계단을 망치를 들고 별생각 없이 부쉈다

일층 계단 둘
이층 계단 넷
삼층 계단 여섯
사층 계단 여덟
오층 계단 열다섯 개를 까부쉈다

십여 년을 만난 영산홍 같은 여자를 거리에서 떠나보낸 뒤 나는 잘했다 아니 잘못했다
내가 잘했다는 이유로 기쁘고 잘못해서 매우 괴롭고 슬프다

고백컨대 나는 어떤 일에도 확신을 갖지 못한 채 광장에 서 있다

그곳에서 발을 뺀 그렇다 나는 우유부단하며 매우 부족한 사람이다

계단을 올랐다
다시 사무실로 돌아가 서류를 정리하기 위해 층층계를 내려가며

망치로 내 발등을 내가 찍은 기분이랄까
정말로 나는 좋은 남자는 결코 아닌 나쁜 남자

가슴속에 어린 아이 일곱과 늙은이 넷이 들어있는 온갖 기억들로 괴롭힘을 당하는 사내

엑서더스

여자 입에서 거칠고 쪼글쪼글한 얼굴의 할머니가 심하게 기침을 하고
남자 입에선 할아버지가 담배를 피우며 가슴을 문지르면서 나왔다

소녀 귀에서는 전정가위를 손에 쥔 눈이 큰 삼십대 정원사가
소년 귀에서는 검정 상복을 입은 사십대 아줌마

할머니 코에서는 긴 생머리 여자가 바이올린을 들고
할아버지 코에선 색소폰을 구슬프게 부는 오십대 아저씨

여섯 모두는 입과 귀 코에서 갑자기 나왔건만 돌아갈 고향과 집이 없고
되돌아갈 마음이 전혀 없는 그들을

입과 귀 코로 돌려보낼 순 없는 걸까 나를 툭 치고 지나간
그들 모두를 최초의 장소로 되돌려 보내기 위해 고민하다

돌려보내지도 못한 채 집을 향해 97일 만에 돌아가던 날
그러다 붓을 들고 그리기 시작했다

숨고 싶다고 애원하는 난민들에게 몸을 숨긴 뒤 쉴 곳을 찾아주기 위해
물감에 붓을 찍고 있다

안전한 곳에서 가족들과 함께 살기 위해 발버둥치는 시리아인들에게 화집이라도 내주기 위해

빛나는 문장들

여름이다 회색빛 여름엔 나 자신이 여기 있다는 존재를 머릿속에 불을 켜듯 증명하기 위해
서재에서 소설을 써야 하고 무언가를 끊임없이 웅얼거려야 한다

사유의 공간에서 명멸하고 있는 향유고래 등을 닮은 미끈한 문장들 그 배꼽이라도 잡기 위해
문자마당에서 자음과 모음을 밟고 쿵쾅쿵쾅 뛰었다 뛰기 시작했다 거침없이

나와 너 그대는 누구도 읽을 일 없는 1393편의 단편 소설과 21편의 중편 및 779편의 장편 소설을
수심이 아주 깊고 푸른 바다를 닮은 노트북에 차곡차곡 쟁여 놓은 뒤

우울함과 조급함 사이 자주 빛 그 언저리에서 너와 그 혹은 나 자신에게 묵살당하고 복종하며
내일은 갇히지 않고 자연스럽게 내 안에 든 너를 과감히 흔든 뒤

네 안에 나를 천천히 끄집어내 누구도 부인할 수 없는 삶을 통째로 치밀하게 묘사한다.
횡단보도를 건너면서 힐끗 네게 눈길을 건넸던 며칠은 굶은 것 같은 깡마른 유태인에 대해

공기압이 꽉 찬 느낌을 받고 있는 군용자동차 타이어를 닮은 하지만 그의 눈엔 전혀 보이지 않고
시간과 공간을 무시한 채 이야기를 제조하는 그는 소설을 생산하는 소설공장 말단직원이다

네가 간절히 바란 한 공간과 두 공간 세 공간 네다섯 여섯 일곱 아홉 개 공간들이
건너편 비행장 속으로 갑자기 눈앞에서 사라져버렸다 무겁게 닫힌 공항 문을 밀고 들어가려다

꿈쩍도 않는 다갈색 문 앞에서 어느 날 본 언덕 위 노란 집 앞에 서 있는 기분이다
우리 모두를 쳐다보고 있는 너는, 너는, 너는, 너는, 정체를 까발리지도 못하고 그러다 지워진

나는, 나는, 나는, 나는, 나는, 나는 빨강색 축하 화환을 밟고 리얼리즘 심벌리즘 아방가르드는 뭘까 하고
이 상황은 무언인지 모르겠다 모른다고 말한 뒤 고개를 푹 숙이고 이를 악문다

그러다 마침내 그것과 마주한 뒤 움직인다 생의 끝까지 쉼표를 찾아 나선다 아니 물음표를 위해
도심 한복판에서 울음을 그치지 않고 울어대는 안식일에도 안식이 없는 슬레이트 지붕 위 저 확성기처럼

지겨운 음식과 보낸 날

너는 저기 저 내리는 지나가는 비 사이
무엇인가를 선택해야만 할 표정의 사내를 불러들여
뜻하지 않은 샌드위치를 오렌지주스와 먹었다
나는 저기 저 살구나무 뒤 걱정도 없이
꼬리를 흔드는 똥개를 불러들여 바닥에 앉힌 뒤
탕수육을 먹었다 단무지와 함께

너는 저 저 저 눈송이 함박눈송이 새 지나가는
우울한 감정을 터뜨릴 것 같은 여인을 불러들여
잼을 넣은 바게트를 함께 씹었다
나는 저 담장 뒤 침을 흘리며 몸을 숨긴
몇 날 며칠을 굶은 것 같은 검정 길냥이를 불러들여
햄버거를 감자튀김과 먹었다

너는 우두둑 떨어져 내리는 우박 새 홀로 서 있는
네 안의 새카맣게 깊은 우울을 불러들여
만두를 먹었다 오이지를 곁들여

나는 구구 거리며 모이를 쪼는 찌뿌둥한 표정의
검정 비둘기와 갈색 또는 흰 비둘기를 불러들여
채찍을 손에 쥔 채 무언가 먹을 생각을 했다
느낄 수 없는 맛을 잃은 혀와 이빨로 가리지 않고 먹겠다고 먹을 거라고
먹는 건 지루하고 지겹지만

맛있게 먹을 수 있는 새로운 방법을 개발하겠다고

초점이 흐려진 풀린 눈으로 다짐했다
해거름에 목구멍으로 밀어 넘길 매순간 귀찮게 다가온
으아악 저 음식들을
거식증으로 죽은 누이를 지우며 받아들이겠다고

인력시장

새벽시간을 내다팔기 위해 새벽장사 할배를 난전으로 찾아갔다
새벽을 팔지 못했다

점심시간을 팔기 위해 점심장사 아재를 찾았다
점심 역시 못 팔았고

저녁시간을 팔기 위해 저녁장사 아줌마 가게에 들렀다
저녁마저도

밤 시간을 팔기 위해 밤 장사 할매를 찾았지만 출타 중이어서
만나지도 못하고 되돌아 왔다

오늘 하루는 꽝이다
내겐 여전히 팔려나가길 기다리는 24 시간이 있다

어떤 시러베자식이냐 시간이 금이라고 떠든 인간은

스팸

귀를 틀어막아야 잊을 수 있다
그를 막아야 잊을 수 있다
막자 잊기 위해 막자 그를 밀어내기 위해

카톡이 울린다 카톡 카톡
전화기가 울린다 요 요 요 요 요 요 요

확인해주세요 요 요 요 요 요 요 요
요 요 요 요 요 요 요
요를 끊임없이 던진다 던지고 있다
요를 받을 수 없어요

요 요 요 요 요 요 확인 할 수 없어요
요 요 요 요 요 요 요
확인해달라고 애원하는
확인 할 수 없는 요

요 요 요 요 요 요 요 요
요 요 요 요
두렵고 무섭다

주황색 장갑

손목이 잘려져 책상 위에 있다
오른쪽 다섯 개 손가락과 함께
붉은 피가 흥건하다
피가 흘러내리고 있다 그렇다고 상상했다

며칠 전 버스 안에 떨어뜨린 것 같은
어디서 잃은 건지 확실히 기억도 못하는
주황색 가죽 장갑
왼쪽만 남은 장갑으로 인해 매우 쓸쓸했다

검정색 장갑을 길에서 주웠다
방금 전 지나간 젊은이가 떨어뜨린 오른쪽 검정 장갑
15미터쯤 앞서 가는 청년을 불렀다 장갑을 흔들면서
그가 내게 오고 있다 빠른 걸음으로

생각하고 싶지 않다 내 손목 같은 장갑에 대해선

곰 인형

커다란 곰 인형 뒤에서 웃을 일 없다
파안대소 할 일 없을 때면
둥근 거울 뒤에서 불렀다
즐거운 일이 없어 웃을 일 없을 때면

크게 웃자고 낮은 목소리로 불러내
신발을 벗고 맨발로 풀밭에서 뛰어 놀자 불렀다

거울 뒤 숨어 마냥 선 채로 열여섯 번을
신발도 신지 못한 채 부르고 있다
언제 튀어나올지 모르는 곰 인형을 반갑게 맞아
팔짱을 끼고 함께 집으로 돌아가기 위해

불렀다 낮은 목소리에서 시작 큰 목소리로 부른다
부르고 있다

곰과 나의 옛집 파랑 문이 보이는 그곳을 끄집어내면
누이가 나를 부르는 소리 들린다

먹고 싶다 빗소리

비가 내릴 때 느리게 내리는 비를 바라보며
아이들은 바나나껍질을 스윽 벗겨 한 개씩 먹고 있다

비에 들어 있는 지붕을 뚜당기는 소리를 먹고 싶어 한
소녀를 제외한 다른 소년들은 모두 덜 익은 바나나를 먹었다

아이들은 야자나무 사이로 비를 타고 내려온 원숭이 머리를 갈라
그 골을 끄집어내 먹으면 안 될까요 내게 물었다

비명소리를 양념 삼아 함께 버무려 먹고 싶단다
그런 와중에도 비는 내렸다 1711년도 4월21 오전 10시부터

비는 그치지 않고 계속 내리고 있다
현재 시간은 2016년 7월 13일 오전 11시 08분이다

그러다 두툼한 입술을 봤다 원숭이 입술을 닮은
저 비는 붉은 입술이다 아니 선홍빛 똥구멍을 후벼 파는 빗줄기

그 광경을 아이들은 가슴속에 담고서 하늘에 올랐다가 70년 뒤 다시 오겠다며

나뭇가지 위 지저귀는 새들의 저음과 고음을 준비해 놓으라고 했다

눈 위에 찍어 놓은 아이들 발자국 같은 2016년 1월 추위를 견디며
550년 뒤 내릴 비와 함께 무언가 비밀을 발설할 것 같은 터진 입술들을 끌어 모으다

어리석게도 나는 내 마음 상태를 알지 못해
싫어 싫다고 말도 못하고 좋아 좋다는 말도 나누지 못했다 귀여운 아이들에게

7cm 365kg 12845

수많은 도서관의 꽉 찬 서가 대와 닮은 철학책과 지루한 백과사전
그것들이 햇볕 뜨거워 우울한 날 나를 잡아먹었다 내 과거와 현재까지도

그들은 바다에서 헤엄치는 고래들과 물개들 눈알까지도 빼먹었다
하늘에 떠 있는 희극적이면서도 비극적인 몇 마리 갈매기 날갯짓까지도
사막에서 물을 찾아 정처 없이 떠도는 양떼들과 잊을 수 없는 유목민들 목마름
그 무리를 찾아내 어느 날 갑자기 그들 손목을 비틀어 오아시스에서 비명을 지르게 했다

그대가 악담을 퍼부으며 미련 없이 버렸고 나 또한 귀한 줄 모르고 마구 내팽개친
오래 전 들꽃처럼 황홀했던 하지만 매우 아팠던 그 세계는 지금 존재하지 않는다
고대문명은 아름다운 망국을 맞았다고 전해지지만 사실은 전혀 그렇지 않다
신비함을 한꺼풀씩 벗기다 보면 북방이민족의 침입으로 인해 비참한 최후를 맞은 걸로 확인 된다

자신이 확신한 길을 완전한 인격체처럼 아니 완벽한

사물처럼 입을 꾹 다문 채
　길을 건너 단 한 번도 가보지 못한 어딘가로 걸어가던
머리가 허리까지 내려온 인도의 한 수행자

　그는 여기 없다고 악을 쓰듯이 누군가 말했다 서쪽에
있었고 동쪽에 존재한
　당신과 나는 이미 지나간 찬란함을 호흡이 곤란할 정
도로 눈물을 쏟으며 다시 찾고 있다

　수치스럽게도 잘 모르지만 효율이 떨어지는 절망을 향
한 게임이다
　아니 희망을 찾기 위한 파랗고 노르스름하며 빨강 파
랑 검정 녹색 여정이다
　이해하지도 못하고 감싸 안지도 못하는 위험한 임무와
같은 그 모든 행위를
　사제의 교리문답 속 들어있는 고리타분한 냄새와 함께
낯선 손을 덥석 잡듯이 받아들이며

　내 사람은 누구이며 그의 사람은 누구일까 삶이 끝날
때까지 청년이었으면 하는 바람으로
　백과사전 속 운명을 가늠할 수 없는 사악한 인간들과
덜 이기적인 동물들을 살펴본다

　저기 저 언덕을 넘어 검정 두건을 푹 눌러쓴 사냥꾼이

지친 몸을 끌고 내 앞을 지나가고 있다
그러다 다시 부처와 장자 본회퍼와 칸트를 만났다

창피하고 부끄럽다 내 젊은 시절은 가슴에 창이 있고
또 벽이 있고 창과 함께 높은 벽이 있었던 까닭에
현재까지도 누군가에게 나 자신을 내세울만한 것도 없
고 매사에 여유도 없어 허둥거린다

그러나 어느 순간 목구멍 깊은 곳에서 튀어 나올 섬뜩
한 칼과 같은 노래를 나는 무대 위에서 부르고 싶다
시퍼렇게 날 선 소리라고 해도 내 안에 뜨거운 내장을
꺼내 놓듯이 소리를 끄집어내

감정과 진실 신비함 이런저런 모든 행위를 새로운 질
서를 위해 단호히 잘라내게 해달라고
두툼한 책을 닮은 그윽한 눈빛의 얼굴로 손을 모은다.

上善藥酒

어디로 흘러갈까
선술집에서 몇 시간 동안 소주를 마신 뒤
갑자기 붉은 빛 와인이 생각나

이럴 땐 레드와인을 찾아
불문곡직 발걸음을 옮겨야한다
그러다 칠월 포도덩굴 아래 털퍼덕 주저앉아

소주와 와인을 섞어 마신다면
참 행복하겠다는 생각이 들었다
포도나무 아래 아무도 모르게 몸을 숨긴 뒤

몇 날 며칠 동안 쉼 없이 술을 마신다면
술처럼 부드럽게 흙 속 어딘가로
나 자신이 천천히 스며들 수 있을 것 같다

어느 날 내 여자의 귀에 대고 속삭였던 밀어처럼

그렉시트

어처구니는 어이없음을 낳게 하고
어이없음은 어처구니를 낳게 한다
어이가 없다
내가 저들의 찬반투표를 봐야만 하는 걸까

왜 내가 저들의 무책임함을 지켜봐야 하는 건지

어이가 없어 어처구니가 없다는 심중을
오늘 나는 종이 위에 썼다
어처구니가 없어 어이가 없다는 속마음
오늘 나는 손바닥에 썼다

빚을 갚지 않겠다고 채권국가에게 자신들 배를 째라는
그리스인들을 바라보다
나도 모르게 저들이 측은하다는 마음에
도울 방법은 없는 걸까

세시에 깨어 일어나 희붐한 창을 보며 생각했다

避身

도망가자 바로 몸을 빼도록 하자

고개를 들어 하늘을 올려다 볼 수도 없는
불편한 장소에서

지금 이 순간은 전략도 전술도 필요 없다
호각을 불어서라도

별 아래 서 있는 그를 운동장 밖
나무 그늘로 빠르게 불러내야만 한다

하수관 공사는 조금 미루도록 하자
아주 많이 변한 낯선 그곳

학다리

닭다리가 보인다 닭다리만 보여서 짧은 닭다리가 아닌
학다리를 보기 위해
고개를 창밖으로 내밀고 닭다리 아닌 학다리를 보려고 한다

이곳에는 닭다리 외에 다른 다리는 없는 걸까
닭다리만 바라보다 닭다리 말고 길게 쭉 뻗은 학다리
몇 시간 전부터 학다리를 눈이 빠지도록 찾고 있다

하지만 닭다리만 보인다 거리엔 온통 닭다리뿐이다
닭다리 외에 학다리는 보이지 않는다 정녕 닭다리 외에
다른 다리를 볼 수는 없는 걸까 이곳은 닭의 천국 모두 닭다리뿐

창가에 앉아 길에다 눈길을 주며 둘째와 셋째 날개깃이 검정색이며
부리가 황록색에 다리가 곧게 쭉 뻗은 학다리를 찾고 있다
하지만 닭다리 외에 학다리는 전혀 보이지 않고
이곳엔 길다 긴 학다리 그런 말조차도 존재하지 않는 것 같다
나는 지금까지도 눈길을 거두지 못하고 있다

어느 날 갑자기 사라진 우아한 자태의 학다리를 찾기 위해

수석

길을 걸었다 길을 걷다

골목 한쪽에 서 있는 남한강 수석 집

강가와 산과 들에서 온갖 돌들을 모아놓은
수석 가게 마당 앞에서 걸음을 멈춰선 채

돌멩이에서 이제 막 기지개를 켜려고 하는
원숭이 한 마리를 봤다

서유기에 나오는 손오공 닮은
거대한 오석에는 여의봉을 든 원숭이는 물론

삼장법사와 사막과 낙타 늑대와 여우도 있고

멀리 화염산도 보인다
뭉게구름과 함께

착취

더덕 겉껍질과 손바닥 껍질을 벗겼다
도라지 껍질을 벗긴 뒤 발바닥도

그 여자 상판대기와 그 남자 뻔뻔한 낯짝도

은행나무 두툼한 껍데기를 벗긴 뒤
자작나무 미끈한 외피까지

벗겨낸 뒤 생각해봤다 무엇을 얼마나 더

벗길 수 있을 것인지
나무들에게 손바닥과 발바닥에게

껍질 안 아니 그 밖에서 안인지 밖인지도 모르는 채

미안하다고 정말 미안하다고 나는 말했다
외국인 노동자들에게

5

모놀로그

무대 위에서 대사를 웅얼거리다

칠층 연습실 창을 열고 내다봤다

우수수 꽃잎 휘이 휘휘휘 날려

벚꽃 잎들 담배꽁초처럼 밟힌다

벌써 오월인가
내 의식의 흐름은 사월이건만

나는 지나간 시간들을 일순간에 봤다

가족

큰오빠는 사각형 우주 같은 바둑판 위에 검정 돌을 내려놨고
아버지는 흰 돌을 쥐고 마주 앉아 있었다.

달빛이 파르스름한 저녁이었다

언니는 긴 머리카락을 가위로 삭둑삭둑 자르고 있고
지붕 위에선 새떼들이 날아와 기왓장을 쪼고 있다

등에다 황금잉어 두 마리를 새겨 놓은 작은오빠는 방바닥에 누워 코를 골고
내 방까지 좇아 들어온 반상에 돌 내려놓는 소리

슬픔이었을까 산사의 풍경소리를 닮은

얼굴이 흰 어머니가 기사식당에서 야근으로 돌아오지 못했던 날
흑과 백이 치고 받는 바둑판을 발로 차고 싶었다

밤이 다 가기 전 마음속 치미는 폭풍우 같은 분노로 인해

방문을 열고 안방을 향해 간다

그 방은 멀다 너무나 멀게 느껴진다

금요일이다 사십 삼 년 전 금요일 불금이란 말도 없었던

치료비가 없어 병원도 못 가보고
할머니가 돌아가신 그날도 금요일이었다.

孔子와 형광등

그는 형광등 만드는 공장에서 공원들을 바라보다
그 불빛 아래에서 흐릿한 빛만도 못한 사람들 눈빛을 좇다

부드러운 웃음을 담고 직공들 속에 서 계신 孔子를 만났다
공자님께서는 무슨 말씀을 남기기 위해
불빛 아래에서 등을 조립하기 위해 재게 움직이는 직원들 틈에 끼어

경이롭게도 인의예지(仁義禮智)를 사람들 가슴에 새겨놓기 위해
천천히 또는 느리게 완급을 조절하여 뭔가를 말씀하려고 하는 걸까

여공들 숙련 된 그 손길에 한참동안 관심을 보이다
그 눈과 손 가녀린 어깨는 대한 추위 때 움집에서 태어난 걸까
그래 그들은 모두 겨울에 태어났다 한겨울 눈이 펑펑 내릴 때
세상에 나왔다 그때 그 불빛도 차가운 빛이었다.

그런 까닭에 공자님 말씀을 잘 이해하고 받아들이는 느낌이랄까

공자의 안목으로 등을 바라보고 형광들 빛을 판단하기
위해 애쓰다

그분의 손목과 발목 그리고 큰 코와 귀 입술을 떠올렸다
공자를 구로동 공장에서 갑자기 뵙게 된 건 그 안에 든
대단한 사건이다

도덕이 실종 된 이 시대에 다시 한 번 인(仁)과 예(禮)의
씨앗을 뿌리기 위해 과거에서 온
그러다 지금의 산동성 곡부로 홀연히 되돌아갔다고
건물경비인 최 氏가 시간 여행자라고 확언한

지역에선 이름이 꽤 알려진 키가 크고 수염이 긴 선생을
나도 본 일이 있다
백수서당 훈장인 그를 안동에서

김 화백

혈관 속에서 피아노 소리가 울려 퍼진다
네 귓구멍 속 동자꽃 시들었다

길쭉한 손가락에 피아노가 들어있다
네 귓속에서 붉은 동자꽃 피다가 말았다

혈관 속에는 다섯 마리 부엉이 날갯짓
귓구멍 속에는 두 마리 혹등고래 울음소리가 있다

어느 날 길을 걷다 갑자기 튀어나온
고래와 부엉이 피아노와 동자꽃이 눈을 마주쳤다

그냥 화선지에 붓질하듯
그것들을 무심히 쓸고 지나갔다

그뿐이다 그는 살아있는 것들과 이미 죽은 것들을 그렇게 보냈다
굵은 붓질로

애너모픽

마음이 아팠다 그러다 가슴이 우묵하게 꺼졌다
건물이 보였다

이내 내 눈앞에서 삼층 건물이 사라졌다

가슴을 떠올리자
불룩한 젖가슴이 다시 내 앞으로 다가왔다

건물하고 부르자
별안간 오층 건물이 나를 향해 뒤뚱뒤뚱 걸어왔다

마음에게 안으로 들어가자고 했다
군청색 건물에겐 밖으로 나가자고 말했다

안과 밖이 어딘지 구분이 되지 않아
밖과 안을 찾아보기 위해

계속해서 불렀다 불러도 기척 없는 그것들을 향해
그들은 죽었다 아니 살아있다

흰 시간과 검정 시간 그 경계에서 라일락 피는 봄과 함께

깊고 파란 최승희

무희 최승희의 영산무와 에헤라 노아라를 바라보다
심장이 심심심심 심장들이 심쿵하며 나왔다

초립동 화랑무 신로심불로 장구춤에서 심쿵심쿵심쿵쿵
심각하게

노랗고 빨강 까망 심장들이

살세게 길을 열고 있다 일본 순사 눈을 피해
중국으로 건너가 향비 연보 패왕별희 등 10여 작품을 발표하였던

그러다 남편을 좇아간 북에서 반동부르조아 예술의 표본으로 낙인찍혀

인민극장 청소부로 냉대를 받았던
무희에게 정치라니 정치논리로 예술가를 대한 무뢰배들은 사라졌지만

이제 다시 봐도 새롭게 느껴지는 그녀의 춤에서 내 영혼이 정화되는 것 같다
새로운 길을 찾기 위해 제 몸을 던진

여자에게서 빛을 본다 빛나는 춤사위

무대 뒤에서 보면 다 보인다 이상하지 이상하다 붉고 푸른 네 입술과 현란한 몸짓이

입 안에서 노니는 몇 마디 말

입 안에 말을 키웠다 백마 네 마리와 흑마 여섯 마리
온몸에 피를 흘리며 하루에 천리 길을 달린다는 한혈마와 함께 키웠다

말을 키우다보니 끈끈한 침이 흐르는 광활한 지평선을 향해
입 안의 말들이 여물을 씹고 배설을 하며

누군가 쉼 없이 떠벌이듯 혓바닥 평원을 계속 달린다
앞니에서 송곳니와 어금니 사랑의 고통을 느낄 때 올라온다는 사랑니를 돌아

가쁜 숨을 내쉬며 헐떡거리며
서늘한 목구멍 동굴을 향해 흙먼지를 일으키며 전력 질주하고 있는 말들을 모두 불러들여

느릿느릿한 진양조 가락처럼 마구간에 가둔 뒤
저녁노을을 바라보며 문득 외로움에 마두금을 켜고 싶었다

말 등 위에 올라타 말을 타고 달려 나가기 위해 채찍을 휘두르지만
제대로 말을 다루지 못한 채 거듭 실패를 반복하며

새로운 청총마를 찾아 그 말 등 위에 올라 광활한 초원을 향해 나가고 있다
남쪽에서 느린 걸음으로 오고 있는 걸까 북서쪽 아님 남동쪽에서

말이 어느 곳에서 오는지도 모른 채
어느 날 불쑥 갈기를 날리며 내 앞에 나타날 것 같은 오묘한 말을 찾기 위해

오늘도 말광을 뒤지며 말을 다듬고 있다

명동포장마차

뽁뽁이 비닐을 터트리는 소리처럼 뽁 뽁 뽁
가을 비 내린다

술을 한 잔 마실 때
한 방울 두 방울
술을 두 잔 넘길 때
세 방울 네 방울

뽁 뽁 뽁 비닐로 천장을 친 포장마차 위
비가 내린다

술을 넘길 때마다
뽁 뽀뽁 뽁 보 뽁 보 뽁 뽀 뽁 보보 보

물방울들은 깨지지 않고 구른다
사내들도 깨지지 않고

생을 이어 나간다 저 물방울처럼

別辭

왼쪽 팔과 다리가 잘린 여름이 가고 있다
뜨거운 여름은 낯설었고

오른쪽 팔과 목이 잘린 가을은 이미 숨이 멎었다
따가운 가을은 벼랑에 선 기분이랄까

없다 이제 내게 두근거리는 떨림은
솔직하게 말하면 감성지수가 바닥이다

아 나도 저 아이가 손에 쥔 노랑 풍선처럼 탱탱하게 부풀어
극락을 경험한 뒤

일순간 펑 터져 절정을 맞고 싶다
끝 모를 바닥을 향해

제 몸을 던지는 저 꽃잎처럼

色卽是空

길을 걷다 앞에 가는 여자
미니스커트 아래 허벅지를 바라보다
혓바닥을 잘근 씹었다
입 안에 달콤 찝찔한 붉은 피 흥건하다

분위기

네 슬픔은 갈가마귀다
아니 내 시름은 붉은빛이에요
네 고통은 솔잣새니
아니 내 우울은 초록빛이에요
네 슬픔은 검은지빠귀니
아니 내 비통함은 보랏빛이에요
네 슬픔은 갈색제비지
아니 내 애수는 흰빛이에요

이 모든 빛과 새에서 희로애락의 실을 뽑아내
알록달록한 스웨터를 짜본다면

그 촉감은 어떤 분위기일까
입은 뒤 날아보자

嘔吐

탯줄을 질질 끌어다 친친 감아놓은 것 같은
저 하늘에 떠 있는 긴 해는
우 우 웃 구토가 날 것처럼 역겹다
창자를 입에 물고
이빨로 또옥 똑 끊어 먹는 멧돼지와 같다
죽은 시체에서 기어 나온 구더기 같다
구더기 한 마리 두 마리 세 마리 다섯 여섯 마리
네 눈을 파먹은 뒤
귀를 뜯어 먹고 괄약근까지도 씹어 먹기 위해
무한정 떠 있는

죽은 고양이 파란 눈알처럼 기괴한 해
식칼을 들고 후벼 팠다

천공을 향해

IF

만약에 돈을 벌게 되면 그 일을 할 거야
돈이 벌리면

또 다른 If가 온다 또 또 다른 If 뒤
그 뒤에도 If를 건다

On이든 Off든 오늘 해내야만 한다

내일보다 오늘 하자 내일은 없다는 각오로

주어진 일은
오늘 끝을 보도록 하자

畏敬

개가 죽었어요 짖는 걸 반성하는
옆집 개가 어느 날 오후에

고양이가 길에서 죽었어요 전혀 반성하지 않던 길고양이였어요

앞집 아저씨가 죽었어요 삶을 성찰하던 태도를 보이던 아재가
며칠 전 아침에 갑자기

비둘기가 죽었어요 어제 점심 때 트럭에 치여 끽 소리도 못하고

그러다 어느 날 길 건너편에 살던 그도 반성하는 마음이 새록새록 생기면
멍멍 짖어대던 똥개가 보고 싶어서 개집에 가곤 했어요

반성하지 않는 반성할 마음이 전혀 없었던 고양이도 웬일인지 궁금해
길고양이도 찾아봤어요

털보아저씨도 울컥 보고 싶은 마음에 그와 함께 술 마시고 담배 피우던
동네 구멍가게도 기웃거렸어요.

멋지게 살 마음이 없는 고상하고 우아하게 삶을 꾸릴 일이 전혀 없는
삼류인생들이 보고 싶어 그립다 그리운 마음에

개가 짖지도 못하고 고양이가 야옹 야야옹 울지도 못하는 이 저녁에
그는 좋아한다, 좋아하지도 않는 것들을 위해 시를 쓴다 시를 썼다가 지운다

그러다 그는 세상을 향해 컹컹 컥 컹 컹컹 개처럼 짖고 있어요
꼬리를 흔들면서 목이 쉬도록

불현듯

책을 펼쳤다
여러 마디로 나누어진 지네발 닮은
누군가 줄그어 놓은 파란 줄과 붉은 줄이 보인다
페이지를 넘길 때마다
귓구멍으로 지네가 들어왔다
콧구멍 속으로 바퀴벌레도 들어온 걸까
파란 밑줄이 꿈틀거리며 급히 움직여
붉은 줄을 잡아먹는다.
그러나 잠시 뒤
붉은 밑줄이 파란 줄 배를 뚫고 나온다

지네가 32페이지를 파먹었다
또 다른 지네는 48 페이지를 씹었다
책은 지네를 통째로 잡아먹을 수 없는 걸까

형사

버려진 시신의 골과 심장을 파먹은
그 이름은 누구일까
그래 그가 누구인지는 모른다
조용히 주변을 탐문해 보면
신원불명 사내의 골과 심장을 파먹은
누군가를 밝힐 수 있을까

그것에 대해 혹시 알고 있는 신원미상인 이가
어떤 정보를 줄지도 모르기에
사건이 일어난 빌딩 주변을 어슬렁거려본다
그러나 도대체 알 수가 없다

다시 처음부터 놓친 건 없는 걸까
샅샅이 찾아보기로 한다

골과 심장을 파먹은 뒤 버려진 시신에 대해

懷心病

어느 집 솟을대문 앞에서
웃옷을 벗어젖힌 채 굵은 대못으로

쾅쾅 못을 쳐 문패를 달고 있는
근육질 사내를 여자가 한참동안 바라보고 있을 때

마을버스가 지나간다 승객들이 그 모습이 이상했던 걸까
빤히 쳐다보면서 진안 마이산 쪽을 향해 가고 있다

사내를 하염없이 응시하는
그 눈빛에 버스에 탄 사람들은 스치듯 눈길을 준다

무슨 이유로 망치질에 여념 없는 한 사내에게
살구나무 뒤 몸을 숨긴 채 애를 태우던

생머리 여자를 향해 그들은 눈빛 창을 날린 걸까
몇 년 전 심한 화상으로 인해 얼굴이 참혹하게 일그러진
노처녀

욕망

손 안에 들어올 듯

손에 잡히지 않는

가슴속 치미는 뜨거움

재미있지만 쓸모없다

속는 건 애매하다
속이는 건 기분이 지루하다
속임을 당하는 건 찝찝해
속임수를 쓰는 행위는 더럽다

속고 속이며
속이고 속는

지루하고 더러운 놈들 속에서
속이고 속다보니
이젠 그 행위가 둘이 아닌
동전의 양면과 같다고 생각했다

쓸데없지만 재미있다, 재미없다
재미있다 재미없는 쓸데없는 일 앞에서

입맛이 쓰다

무기력한 돌멩이

사각형 닮은 연못에 돌멩이를 던졌다
하나 둘 셋 넷 다섯 여섯 일곱
길가 가로수 위 걸린 비닐봉지를 향해 힘껏
사각형 닮은 연못과 은행나무 우듬지에

번갈아 돌멩이를 던졌다
삼각형도 되지 못하고 사각형도 못된
돌을 휙 던졌지만 연못과 나무엔 근접도 못한 채
길바닥에 나동그라진

차돌멩이를 던졌다 그에게 힘이 될 수 없는 무기력함을
던지고 또 내던졌지만
나무처럼 아니 저 풀잎만큼도
자신이 살아 있음을 증명 못하는 짱돌은 버려짐이 마땅하다

나 또한 그렇다

애매모호한 상황

남자는 애매모호한 빛깔인 회색이다
태도가 불분명한 그를 불렀다

가장 크고 확실한 목소리로

그에게 가까이 다가가고 싶어 불러냈다
그러나 여전히 그 사내는 내겐 알쏭달쏭한 색이다

나는 그를 곁에 두고 싶어 그에게 불투명하지 않은
화끈한 선홍색으로

그 집 문 앞에서 붉은 색이 돼 붉게 불렀다
그러나 여전히 그는 우중충한 잿빛처럼 입을 다물고 있다

참으려고 애쓰고 있지만 기침이 자꾸 나오려고 한다
참을 수 없는 재채기처럼
그에게 향하는 내 마음은 속도조절에 실패한 걸까

억제할 방법이 없다

冬服

여름엔 눈에 보이지 않고
몸을 전혀 움직이지 않는

푸른곰팡이 먼지 낀
장롱 속 고요한 그대

빗

안방과 구석건넌방
안과 밖 실내와 실외 사이

빗을 들고 비를 피해 머리를 빗는

흑단 같은 머리채를 지닌 여자

창밖 적작약꽃잎과
오동나무 넓은 잎 사이 빗방울이 떨어진다

두렵다 저 여자는 빗소리도 거부한 채
얼굴을 찡그리지도 않고

머리만 몇 시간째 빗고 있다
긴 머릿결 같은 저 빗소리는 빗길 생각도 않고

몸

저, 눈
저 귀
저, 코
저 이마
저, 입
저 이빨
저, 머리카락
저 발
저, 손
저 다리
저, 무릎
저 허리

젊었다, 늙었다
안정이 없는

전쟁이다
살아있는 몸에 평화는 없다

9월

묘지 속 묘비명을 빼닮은
들리지 않는 사내의 목소리처럼

강한 긍정도 부정도 하지 않고
땡볕 아래 여름이 사라지고 있다

그를 혐오하며 그로 인해 분노한
누가 옳고 틀렸다는 말 대신

햇볕에 그을린 9월이 지나가고 있다.

없다

있다 없다 있으니 있고 없으니 없다
없다
있다

상처를 헤집으며
있다 없다 있으니 있고 없으니 없다
등을 긁으며
없다 있다 없으니 없고 있으니 있다

유리창을 깨뜨리며 없다 있다
있다 없다
벽돌을 던지며
없으니 없고 있으니 있다

없음에서 있음을 잇다
있음과 없음을 잊자 잊었다

이으려는 행위

검푸른 비망록

24시간 편의점에서 1회용 커피를 마시다 내 입맛은 대단히 사치스럽다는 생각에

불현듯 주변에 아무도 없고 희망도 없다고 절규한 미국의 여류시인 실비아 플라스*가 떠올랐다
그렇다 나는 지금 이 순간 세상아 안녕하고 자살할 것 같다

아니 그녀처럼 미묘하고 끔찍하게 제 몸을 바닥에 내동댕이쳐 유리잔처럼 깨뜨리지도 못하고
내게 주어진 시간 속 끼니를 하루하루 때우며

커피가 고플 땐 커피 초콜릿이 고플 땐 초콜릿 경계와 경계를 넘나들며 사과가 고플 땐 덜 익은 초록 사과
소주가 마시고 싶을 땐 맑고 투명한 소주를 최대한 우아하게 씹어 삼키며

새로운 색깔에 전율을 뒤섞어서 가볍지 않은 생을 어떤 식으로든 끌고 나갈 것이다
자동차들이 내뿜는 미세먼지 속 텅 빈 거리를 편의점 의자에 앉아 천천히 바라보다

온몸을 격하게 비틀며 내 삶과 입맛은 너무 귀족적이라는 생각을 지우지 못한 채

이 시간들은 왜 주어진 걸까 반문하며 스파게티로 허술한 점심을 꾸역꾸역 목구멍 깊숙이 밀어 넣다

헐가방매(歇價放賣) 돼 굴러다니는 오래 전 펴낸 다섯 번째 시집을 펼쳐본 뒤 나 자신을 극도로 혐오하며
정오의 빛 아래 내 팔과 다리는 먼지를 닮았지만 나는 가장 슬픈 가슴을 지닌 위대한 사내라고 생각한다

삶에서 삶 같지 않은 풍경과 민낯을 이방인들에게 더는 보여주고 싶지 않아
누구도 그 누구라고 해도 내 안으로 발을 들여 놓을 수는 없어, 없다며 속으로 비명을 지르다

경고를 보내고 있는 듯 붉은 신호등 닮은 재게 몸을 움직이지 않는 황금색 망토를 걸친 삶 앞에서
생각하지 않으려고 한다
턱을 괴고 사유하지 말자를 끝없이 반복하며 먹고 자고 싸며 신음을 뭉개고 있다 단호하게 삶은 그렇다
엄청난 시간의 무게를 발아래 밟고

---

* 실비아 플라스(Sylvia Plath 1932-1963)는 미국 보스턴에서 출생 스미스 대학 및 하버드 대학에서 공부했다.
59년 모교인 스미스 대학에 출강했으며. 60년 첫시집 「거상」을 63년 빅토리아 루카스란 가명으로 자전적 소설집인 「벨자」를 출간했다. 그녀는 가스밸브를 열어놓은 뒤 오븐에 머리를 박고 짧은 생을 마쳤다. 사후 문학적인 평가보다는 여러 사람들의 입에 오르내리며 신화와 전설이 되었다.

못

못이 걸어가고 있다 사차선 도로를 건너간다
대못이 도로를 건넌 뒤 이내 똑같은 사차선 도로가 나타났다

또 다른 못이 사차선 도로를 건넌다 건너고 있다 건넜다

도로 위로 124번 버스가 지나간다
124번 파란색버스가 지나간 뒤 버스는 오지 않고 있다

못 A가 기다리고 못 H가 기다리는 1177번 녹색버스는 지금쯤 어디에

버스정거장에서 버스를 기다리는 못들을 아랑곳하지 않은 채
연녹색버스는 5분 10분 15분이 지나도 오고 있지 않다

누가 그 누군가가 생각 없이 아무런 생각 없이

못 R가 기다리고 못 K가 기다리는 버스 뒷바퀴와 앞바퀴 타이어를

대못 같은 뾰족한 성미의 JJJ가 푹 찔러 펑크를 낸 건 아닌지

누군가의 가슴에 못을 박은 자살테러처럼
JJJ는 제 몸을 버스 타이어에 내던진 걸까

55층 빌딩에서 아래를 내려다보면 지나다니는 모든 사람들은 못처럼 서 있다

인지

검푸른 비망록

1판 1쇄 인쇄 2016. 10. 1.
1판 1쇄 발행 2016. 10. 5.

발행처 도서출판 문장
발행인 이은숙

등록번호 제 2015.000023호
등록일 1977. 10. 24.

서울시 강북구 덕릉로 14(수유동)
대표전화 | 02-929-9495
팩시밀리 | 02-929-9496

ISBN 978-89-7507-068-9 03810